HÆRMÆNDENE PÅ HELGELAND

Henrik Ibsen

Hærmændene på helgeland
Copyright © JiaHu Books 2014
First Published in Great Britain in 2014 by Jiahu Books – part of Richardson-Prachai Solutions Ltd, 34 Egerton Gate, Milton Keynes, MK5 7HH
ISBN: 978-1-78435-030-7
Conditions of sale
All rights reserved. You must not circulate this book in any other binding or cover and you must impose the same condition on any acquirer.
A CIP catalogue record for this book is available from the British Library
Visit us at: jiahubooks.co.uk

PERSONERNE   5

FØRSTE HANDLING   7

ANDEN HANDLING   30

TREDJE HANDLING   48

FJERDE HANDLING.   65

PERSONERNE

ØRNULF FRA FJORDENE, landnamsmand på Island.
SIGURD HIN STÆRKE, søkonge.
GUNNAR HERSE, rig bonde på Helgeland.
THOROLF, Ørnulfs yngste søn.
DAGNY, Ørnulfs datter.
HJØRDIS, hans fosterdatter.
KÅRE BONDE, en helgelænding.
EGIL, Gunnars søn, fire år gammel.
ØRNULFS sex ældre sønner.
ØRNULFS og SIGURDS MÆND.
GÆSTER, HUSKARLE, TERNER, FREDLØSE MÆND, o. s. v.

(Handlingen foregår i *Erik Blodøkses* tid på og i nærheden af *Gunnars* gård på Helgeland i det nordlige Norge.)

FØRSTE HANDLING.
(En høj strand, der i baggrunden løber brat ned til søen. Til venstre et nøst, til højre fjelde og barskov. Masterne af to hærskibe ses nede i viken; langt ude til højre skjær og høje holmer; søen er i stærkt oprør, det er vinter med snetykke og storm.)
(Sigurd kommer op fra skibene; han er klædt i hvid kjortel med sølvbelte, blå kappe, sokkebrog, lådne sko og stålhue, ved siden bærer han et kort sakssværd. Ø r n u l f viser sig straks efter oppe mellem fjeldene, klædt i mørk lammeskindskjortel, med brystplade og benskinner samt lådne sko og ulden brog, over skuldrene har han en brun vadmelskåbe med hætten trukken over stålhuen så at ansigtet for en del skjules. Han er høj og kæmpemæssigt bygget, med langt hvidt skæg, gammel og lidt bøjet; væbnet er han med rundt skjold, sværd og spyd.)

SIGURD *(træder først ind, ser sig om, får øje på nøstet, går raskt derhen og prøver at bryde døren op).*
ØRNULF *(kommer tilsyne på fjeldet, studser ved at se Sigurd, synes at genkende ham, stiger ned og råber):*
Vig marken, hærmand!
SIGURD *(vender sig om, lægger hånden på sværdet og svarer):*
Det var første gang ifald jeg gjorde det!
ØRNULF.
Du skal og må! Jeg trænger nøstet til nattely for mine stivfrosne mænd.
SIGURD.
Og jeg for en mødig kvinde.
ØRNULF.
Mine mænd er mere værd end dine kvinder!
SIGURD.
Så må skoggangsmænd stå højt i pris på Helgeland!
ØRNULF *(hæver spydet).*
Dyrt skal du bøde for de ord!

7

SIGURD *(drager sit sværd).*
Nu vil det gaa dig ilde, gubbe!
(Ørnulf styrter ind på ham, Sigurd forvarer sig.)
(Dagny og nogle af Sigurds mænd kommer fra stranden; Ørnulfs sex sønner fra fjeldene til højre.)
DAGNY *(der er lidt foran, klædt i rød kjortel, blå kåbe og forværks hæfte, råber ned til skibene):*
Op alle Sigurds mænd! Min husbond strides med en fremmed!
ØRNULFS SØNNER.
Til hjælp for gubben! *(de stiger ned.)*
SIGURD *(til sine mænd).*
Bliv hvor I er; jeg magter ham vel alene!
ØRNULF *(til sønnerne).*
Lad mig slåes i fred! *(farer ind på Sigurd.)* Jeg vil se dit blod!
SIGURD.
Se først dit eget! *(sårer ham i armen, så at spydet falder.)*
ØRNULF.
Godt var det hugget, hærmand!
Snygt du sværdet svinger,
hvast du veed at ramme;
Sigurd selv, hin stærke,
står for dig tilskamme!
SIGURD *(smilende).*
Så er skammen ham til hæder!
ØRNULFS SØNNER *(med et udråb af forundring).*
Sigurd selv! Sigurd hin stærke!
ØRNULF.
Men hvassere ramte du den nat, du rante Dagny, min datter! *(kaster hætten tilbage.)*
SIGURD og HANS MÆND.
Ørnulf fra fjordene!
DAGNY *(glad, men dog med et udtryk af uro).*
Min fader og mine brødre!
SIGURD.
Stil dig bag ved mig.
ØRNULF.
Det gjøres ikke behov, *(nærmer sig til Sigurd.)* Jeg drog kendsel på dig så såre du kom mig for øje, derfor yppede jeg strid; prøve vilde jeg om rygtet sagde sandt, når det nævnte dig som den

djærveste idrætsmand i Norge. Nå, fred og forlig være mellem os!
SIGURD.
Bedst, ifald det så kunde føje sig.
ØRNULF.
Der er min hånd. Du er en ypperlig kæmpe; så ramme hug har ingen før skiftet med gamle Ørnulf.
SIGURD (ryster hans fremrakte hånd).
Lad det være de sidste sværdhug, der skiftes mellem os to. Og hermed byder jeg dig selvdømme i den sag, der er os imellem; er du villig til at vælge de vilkår?
ØRNULF.
Det er jeg, og ret nu skal tvisten jævnes. *(til de øvrige.)* Så gøres da vitterligt for alle, hvad sagen gælder. For fem vintre siden lå Sigurd og Gunnar herse som vikinger på Island og havde fredland der den vinter tæt under min gård. Da rante Gunnar med vold og sned min fosterdatter, Hjørdis; men du, Sigurd, tog Dagny, mit eget barn, og sejlede bort med hende. For dette ran dømmes du til at bøde tre hundrede i sølv, og skal med det din ufredsgerning være sonet.
SIGURD.
Billige kår tykkes mig at være, hvad du der byder; de tre hundrede skal jeg udrede og lægger til en bræmmet silkekåbe; det er en kongegave fra Ædhelstan i England og så god, som nogen mand har båret den på Island.
DAGNY.
Ret så min bolde husbond; og tak, du, min fader; nu først er jeg frejdig tilsinds!
(hun trykker faderens og brødrenes hænder og taler sagte med dem.)
ØRNULF.
Så stå da forliget ved magt mellem os, og skal Dagny efter denne tid være fuldt så hæderlig at agte, som var hun dig lovligt fæstet med sine frænders minde.
SIGURD.
Og på mig kan du nu lide, som på din egen æt!
ØRNULF.
Det tænker jeg forvisst jeg kan, og vil på stand friste, hvor god du er mig.

SIGURD.
Rede skal du finde mig; sig frem, — hvad kræver du?
ØRNULF.
Din hjælp i råd og dåd. Jeg har stævnet hid til Helgeland for at søge Gunnar herse og kræve ransbøder for Hjørdis.
SIGURD *(overrasket).*
Gunnar!
DAGNY *(ligeså).*
Og Hjørdis, — hvor er de at finde?
ØRNULF.
Hjemme på Gunnars gård, tænker jeg.
SIGURD.
Og den ligger —?
ØRNULF.
Ikke mange pileskud borte; har du ikke vidst det?
SIGURD *(med undertrykt bevægelse).* Tilvisse, nej! Sparsomt har jeg spurt fra Gunnar siden vi sidst sejlede fra Island sammen. Vidt for jeg i viking og tjente mange konger udenlands med ens Gunnar sad hjemme. Hid under land kom jeg idag i lysningen, fordreven af uvejret; at Gunnar havde sin fædrenegård her nordpå var mig nok vitterligt, men —
DAGNY *(til Ørnulf).*
Og i det ærinde for du hjemmefra?
ØRNULF.
Så er det. *(til Sigurd.)* At vi to mødtes har været et værk af de vældige deroppe; de vilde det så. Havde jeg tænkt på ait søke dig, så vidste jeg lidet hvor du var at finde.
SIGURD *(tankefuld).*
Vel sandt, vel sandt! — Men nu den sag med Gunnar, — sig mig, Ørnulf, tænker du at drive den stærkt, af al formue, både med godt og ondt?
ØRNULF.
Det må jeg gøre. Hør til, Sigurd, hvad jeg vil sige dig. Isommer red jeg tilthings og der var mange hæderlige mænd tilstede. Da thingdagene var tilende, sad jeg i boden og drak sammen med mine herredsmænd, og så kom kvinderanet på tale; hånlige ord måtte jeg høre, fordi jeg lod den tort sidde uhævnet på mig så lang en tid. Da blev jeg vred, svor at fare til Norge, søge Gunnar og kræve bod eller hævn for ranet og aldrig fare hjem til Island

igen før jeg havde vidst at fremme min sag.
SIGURD.
Ja, ja! står det så, da skjønner jeg nok at sagen må drives stærkt
ifald det trænges om.
ØRNULF.
Det må den; men ubillig skal jeg ikke være, og Gunnar er mig
nævnt som en hæderlig mand. Glad er jeg også at jeg for i denne
færd; tiden faldt mig lang på Island tilslut; derude på de blå
vande var jeg bleven gammel og grå, det bares mig for som jeg
måtte ud på dem engang til førend jeg — ; nå ja, — Bergthora,
min gode hustru, var jo død for længe siden, mine ældste
sønner for hver sommer i viking, og da nu Thorolf vokste til —
DAGNY (glad).
Thorolf er med? Hvor er han?
ØRNULF.
Ude på skibet. *(peger mod baggrunden til højre.)* Der skal du se
en gut; stor og stærk og fager er han bleven siden du sad
hjemme. Det vil blive en ypperlig idrætsmand, Sigurd; han vil
komme til at ligne dig.
DAGNY (smilende).
Det er nu som før, skjønner jeg; stedse stod Thorolf dit hjerte
nærmest.
ØRNULF.
Han er den yngste og sin moder lig, deraf kommer det.
SIGURD.
Men sig mig nu, — dit ærinde hos Gunnar herse, — tænker du
alt idag — ?
ØRNULF.
Heller idag end imorgen. Med rimelige bøder skal jeg være
fornøjet; vægrer Gunnar sig ved sligt forlig, så får han friste de
kår, som følger på.
*(Kåre bonde kommer ilsomt ind fra højre; han er klædt i grå
vadmelskofte og sid filthat; i hånden holder han en afbrudt
gerdestav.)*
KÅRE.
Godt møde, hærmænd!
ØRNULF.
Hærmænds møde skattes sjelden godt.

KÅRE.
Er I hæderlige mænd, så tilsiger I mig fred iblandt jer; Gunnar herses husfolk står mig efter livet!
ØRNULF.
Gunnar herse!
SIGURD.
Så har du øvet ondt imot ham!
KÅRE.
Min ret har jeg øvet. Vi holdt udgangskvæg sammen på en holme tæt under land; Gunnars folk tog mine bedste okser bort, og en af mændene skældte mig for en træl; så bar jeg våben på ham og fældte ham.
ØRNULF.
Det var lovlig gerning.
KÅRE.
Men nu imorges kom hans karle mod mig med ufred; lykken var mig god, så jeg blev varslet itide og slap bont; dog, stakket frist kan jeg vente, for mine avindsmænd leder om mig.
SIGURD.
Lidet kan jeg tro dig, bonde! I fordums tid kendte jeg Gunnar så godt som mig selv, og det veed jeg: aldrig øved han uskel mod fredelig mand.
KÅRE.
Gunnar har ingen del i al den ufærd, han er sønderpå landet; nej, det er Hjørdis, hans hustru —
DAGNY.
Hjørdis!
ØRNULF *(mumlende).*
Ja ja, det kunde ligne hende!
KÅRE.
Gunnar bød jeg bod for trællen, og den var han villig til at tåge, men så kom Hjødis til, ægged sin husbond med mange hånlige ord og hindred forliget; siden drog Gunnar sørpå, og imorges —
SIGURD *(ser ud til venstre).* Der kommer vejfarende mænd nordefter, er det ikke — ?
KÅRE.
Det er Gunnar herse selv!
ØRNULF.
Vær nu trøstig, jeg tænker nok, jeg skal få jer forligte.

(Gunnar herse, med nogle mænd, kommer fra venstre. Han er klædt i husdragt, brun kjortel, sokkebrog, blå kappe og bred hat; af våben har han kun en liden håndøkse.)
GUNNAR *(standser forundret og uviss ved synet af de forsamlede).* Ørnulf fra Fjordene! Ja forsandt —!
ØRNULF.
Der ser du ret nok.
GUNNAR *(træder nærmere).* Nu da, hil og sæl på min grund, ifald du kommer med fred.
ØRNULF.
Vil du som jeg, så skal ingen ufred øves.
SIGURD *(nærmer sig).* Vel mødt, Gunnar!
GUNNAR *(glad).* Sigurd — fosterbroder! *(ryster hans hånd).* Ja, er du med, da ved jeg visst, at Ørnulf kommer med fred. *(til Ørnulf.)* Ræk mig hånden, gubbe! Hvad ærend du har her nordpå er ikke svært at skønne; det gælder Hjørdis, din fosterdatter.
ØRNULF.
Som du siger, stor tort voldtes mig da du for med hende fra Island uden at søge mit minde.
GUNNAR.
Du kommer med ret og skel; har svenden flængt, så får manden flikke. Længe har jeg ventet dig, Ørnulf, for den sags skyld, og kan bøder gøre det, så skal vi snart forliges.
SIGURD.
Det mener jeg med. Ørnulf vil være rimelig.
GUNNAR *(med varme).* Det må du gubbe; skulde du værdsætte hende som det bør sig, da vilde ikke alt mit gods forslå!
ØRNULF.
Jeg skal rette mig efter lov og vedtægt, det kan du lide på. Men nu en anden sag; *(peger på Kåre)* ser du den mand der?
GUNNAR.
Kåre bonde! *(til Ørnulf.)* Du ved da, der er ufred mellem os?
ØRNULF.
Dine mænd har ranet hans kvæg, og for ran bør bødes.
GUNNAR.
For drab ligeså; han har dræbt min træl.
KÅRE.
Fordi han håned mig.

GUNNAR.
Jeg har sagt mig rede til forlig.
KÅRE.
Men det havde ikke Hjørdis sind til, og imorges, mens du var bonte, faldt hun over mig og står mig nu efter livet.
GUNNAR *(opbragt).*
Er det sandt du siger; har hun —?
KÅRE.
Hvert ord er sandt.
ØRNULF.
Derfor bad bonden om min bistand, og den skal være ham sikret.
GUNNAR *(efter et øjebliks betænkning).*
Hæderligt har du handlet mod mig, Ørnulf; det er derfor billigt at jeg føjer mig efter din vilje. Hør mig, Kåre bonde, jeg er villig til at lade trællens drab og al den ulempe, der er voldt dig, gå op mod hinanden.
KÅRE *(rækker Gunnar hånden).*
Det er gode kår; dem tåger jeg imod.
ØRNULF.
Og fred skal han have for dig og dine?
GUNNAR.
Fred hjemme og hvorhelst han ellers færdes.
SIGURD *(peger ud til højre).*
Se der!
GUNNAR *(misfornøjet).*
Det er Hjørdis!
ØRNULF.
Med væbnede karle!
KÅRE.
Hun søger mig!
(Hjørdis med en flok huskarle. Hun er sortklædt, i kjortel, kåbe og hætte; karlene er væbnede med sværd og økser, selv bærer hun et let spyd i hånden.)
HJØRDIS *(standser ved indgangen.)* Mandstærke mødes vi her, som det lader!
DAGNY *(iler hende imøde).*
Hil og sæl, Hjørdis!

HJØRDIS (koldt).
Tak. Jeg har alt spurt at du ikke var langt borte.
(træder nærmere, idet hun kaster et skarpt blik over de forsamlede.)
Gunnar og — Kåre, min avindsmand, — Ørnulf og hans sønner, og —
(idet hun får øje på Sigurd, farer hun næsten umærkeligt sammen, tier lidt, men fatter sig og siger:)
Nu, mange ser jeg her, som jeg drager kendsel på, — men ikke ved jeg, hvem der er mig bedst sindet.
ØRNULF.
Vel nok sindet er vi dig alle.
HJØRDIS.
Hvis så er, da vil du ikke nægite at give Kåre i min husbonds vold.
ØRNULF.
Det gjøres ikke behov.
GUNNAR.
Der er nu fred og forlig mellem os.
HJØRDIS (med undertrykt spot).
Forlig? Nu ja, jeg ved du er en klog mand, Gunnar! Kåre har truffet mandstærke venner, og så skønner jeg nok det tyktes dig tryggest —
GUNNAR.
Det nytter lidet at ægge mig med hånord! *(med vægt.)* Kåre har fred for os!
HJØRDIS (tvinger sig).
Godt og vel; har du tilsagt ham fred, så må løftet holdes.
GUNNAR (stærkt, men dog uden hæftighed).
Det må det og det skal det!
ØRNULF (til Hjørdis).
Og der blev så halvvejs sluttet et forlig til, før du kom.
HJØRDIS (skarpt).
Mellem dig og Gunnar?
ØRNULF (nikker).
Det gjaldt dig.
HJØRDIS.
Vel kan jeg vide hvad det gjaldt; men det siger jeg dig, min fosterfader, aldrig skal det spørges, at Gunnar herse lod sig

15

skræmme fordi du kom med vabenfolk til landet; var du kommen som enlig, vejfarende mand i vor stue, så kunde tvisten lettere jevnes.
GUNNAR.
Ørnulf og hans sønner kommer med fred.
HJØRDIS.
Kan så være, men på andet sæt vil det lyde i folkemunde, og du selv, Gunnar, stoled nok ikke så stærkt på freden igår, da du skikked Egil, vor søn, sørpå såsnart det spurgtes at Ørnulf lå i fjorden med hærskib.
SIGURD (til Gunnar).
Du har skikket din søn sørpå?
HJØRDIS.
Ja, for at han kunde være tryg, ifald Ørnulf faldt over os!
ØRNULF.
Ikke skulde du spotte med det, Hjørdis; hvad Gunnar har gjort turde være klog mands gerning, såfremt du hindrer forliget.
HJØRDIS.
Lykken råder for livet. Lad times hvad der vil; men heller vil jeg falde, end frelse livet ved fejgt forlig.
DAGNY.
Sigurd giver bod og vil ikke kaldes ringere mand for det.
HJØRDIS.
Sigurd må selv vide bedst, hvad hans hæder kan tåle.
SIGURD.
Om det skal jeg aldrig trænge til at mindes.
HJØRDIS.
Sigurd er en navnkundig drapsmand, men djærvere dåd øved Gunnar, da han dræbte hvidbjørnen udenfor mit bur.
GUNNAR (med et forlegent blik på Sigurd).
Ja ja, lad det så være!
ØRNULF.
Vel sandt, det er den djærveste dåd, nogen mand har øved på Island, og derfor —
SIGURD.
Nu ja, lettere kan Gunnar da lempe sig uden at kaldes ræd.
HJØRDIS.
Skal bod gives, så skal og bod kræves. Gunnar, du drages til minde, hvad du engang har lovet!

GUNNAR.
Ilde betænkt var det løfte; kræver du at det skal holdes?
HJØRDIS.
Holdes skal det, ifald vi to skal leve under tag sammen efter denne dag. Så vid da, Ørnulf, skal bod gives for din fosterdatters ran, så skal du også bøde fordi du dræbte Jøkul, min fader, og tog alt hans gods og eje!
ØRNULF.
Jøkul faldt i ærlig holmgang; værre tort gjorde dine frænder mig, da de skikked dig ukjendt til Island og fik mig til at knæsætte dig.
HJØRDIS.
Hæder og ingen tort hadde du af at fostre Jøkuls datter.
ØRNULF.
Idel ufred har jeg havt deraf, det ved jeg.
HJØRDIS.
Værre ufred tør times dig nu, ifald —
ØRNULF.
Ikke kom jeg hid for at kives med kvinder! — Gunnar, hør nu mit sidste ord; er du villig til at bøde for kvinderanet?
HJØRDIS *(til Gunnar).*
Kom det ihu, som du har lovet!
GUNNAR *(til Ørnulf).*
Du hører, jeg har gjort et løfte og det må jeg —
ØRNULF *(forbittret).*
Nok, nok! Aldrig skal det siges mig på art jeg gav bod for ærligt drab!
HJØRDIS *(med kraft).*
Så trodser vi dig og dine!
ØRNULF *(med stigende vrede).*
Og hvem har ret til at kræve bod for Jøkul? Hvor findes hans frænder? Ingen af dem er ilive! Hvo er hans lovlige eftermålsmand?
HJØRDIS.
Det er Gunnar på mine vegne!
ØRNULF.
Gunnar! Ja, var du fæatet til ham med din fosterfaders samtykke, eller havde han bødet for ranet, så var han lovlig eftermålsmand, men —

DAGNY *(angst og bønligt).*
Fader, fader!
SIGURD *(hurtig).*
Tal ikke ud!
ØRNULF *(med hævet stemme).*
Jo, højt skal det siges! Hærtagen kvinde har ingen lovlig husbond!
GUNNAR *(med hæftighet).*
Ørnulf!
HJØRDIS *(i vildt udbrud).*
Forhånet! beskæmmetr! *(med dirrende stemme.)* Det — det skal du komme til at angre!
ØRNULF *(vedblivende).*
Hærtagen kvinde er kun at agte som frilleviv efter loven! Vil du vinde hæderligere kår, så må du —
HJØRDIS *(tvinger sig).*
Nej, Ørnulf, bedre véd jeg, hvad der skikker sig. Er jeg kun ait agte for Gunnars frille, — godt og vel, så må han hædre sig med dåd, — hædre sig så højt med dåd, at mine kår ingen skam volder mig! Og vogt dig nu, Ørnulf; her skilles vore veje, men våben skal jeg lade bære på dig og dine så tidt det så kan føje sig, utryg skal du være både på liv og lemmer, og det skal hver og en som — *(med et hvast blik til Kåre.)* Kåre bonde! Nu ja, Ørnulf tog sig av din sag, og der er fred mellem os, men ikke vil jeg råde dig til at komme hjem med det første; den dræpte har mange hævnere, og let kunde det hænde sig at — ja, nu har jeg varet dig for faren, bær så hvad der følger på. Kom, Gunnar, ruste os må vi nu. En berømmelig dåd har du øvet på Island, men større dåd må her øves, ifald ikke din — din frille skal skamme sig over dig og over sig selv!
GUNNAR.
Vær sindig, Hjørdis; usømmeligt er det at te sig så!
DAGNY *(bedende).*
Bliv, fostersøster, — bliv; jeg vil tale min fader tilrette!
HJØRDIS *(uden at høre på hende).*
Hjemad, hjemad! Aldrig blev det mig spået, at jeg skulde friste livet som en ussel frilleviv; men skal jeg bære dette liv og denne skændsel, bære det en eneste dag længere, så må min husbond øve noget — noget, som gjør ham navnkundigere end alle andre

mænd! *(går ud til højre).*
GUNNAR *(dæmpet).*
Sigurd, et må du love; vi tales ved før du farer fra landet, *(går med sine mænd til højre).*
(Uveiret er under det foregående ophørt; middagssolen ses som en rød skive dypt nede ved havranden.)
ØRNULF *(truende.)*
Dyr skal den færd blive dig, fosterdatter!
DAGNY.
Fader, fader! Du har da ikke ondt isinde!
ØRNULF.
Slip mig du! Nu, Sigurd, nu vil der mere end bøder til mellem mig og Gunnar!
SIGURD.
Hvad agter du at gjøre?
ØRNULF.
Det ved jeg ikke; men langvejs skal det spørges at Ørnulf fra Fjordene har gæstet Gunnar herse!
SIGURD *(med rolig fasthed).*
Kan hænde; men det siger jeg dig, Ørnulf, bære våben på ham skal du aldrig, sålænge jeg er ilive!
ØRNULF.
Ikke det! Om jeg nu så vil det!
SIGURD.
Ej skal det ske, — end ikke om du så vil det.
ØRNULF *(hæftigt).*
Godt; hold du sammen med mine uvenner, jeg drister mig endda til at gå mod jer alle!
SIGURD.
Hør mig vel, Ørnulf; den dag skal du ikke leve, da vi to strides sammen; hæderligt forlig er der mellem os, Dagny er mig kærere end våben og guld, og aldrig skal jeg glemme at du er hendes nærmeste frænde.
ØRNULF.
Det ventet jeg af dig, djærve Sigurd!
SIGURD.
Men Gunnar er min fosterbroder; fred og venskab har vi svoret hinanden. Både i strid og i fredsomme kår har vi fristet lykken tilhobe og han er mig kærest af alle mænd; hærfærd huer han

ikke, så bold han end er; — nu godt, mig kender I alle, om mig ved I, at jeg ikke ræddes for ufred; men her står jeg frem, Ørnulf, og beder om forlig for Gunnar. Gør mig til vilje i denne sag!
ØRNULF.
Det kan jeg ikke; jeg måtte jo gå til spot for alle kjæmper, ifald jeg for tomhændet til Island!
SIGURD.
Tomhændet skal du ikke fare. Her i viken ligger mine to langskibe med alt det gods, jeg har vundet i viking; der findes mange kostelige kongegaver, kister med gode våben og andet ypperligt løsøre; tag du det ene skib, vælg det du tykkes bedst om, det skal være dit med alt hvad som findes ombord, — lad det være bod for Hjørdis og lad Gunnar fare med fred.
ØRNULF.
Brave Sigurd, det vil du gøre for Gunnar!
SIGURD.
For en fuldtro ven kan ingen mand gøre formeget.
ØRNULF.
Give dit halve gods og eje!
SIGURD *(indstændigt).*
Tag det hele, begge mine skibe, alt hvad der er mit, og lad mig fare med dig til Island som den fattigste mand i dit følge; hvad jeg giver, kan jeg vinde ind igen; men øver du hærværk mod Gunnar, så bliver jeg aldrig glad mere. Nu, Ørnulf, hvad svarer du?
ØRNULF *(betænker sig).*
To gode langskibe, våben og løsøre, — af gods får ingen mand formeget, men, — *(hæftigt)* nej, nej, — Hjørdis har truet mig; jeg vil ikke! Uhæderligt var det, om jeg tog din eiendom!
SIGURD.
Men hør dog først —
ØRNULF.
Nej, siger jeg! Selv må jeg fremme min ret; lad så lykken råde.
KÅRE *(træder nærmere).*
Vennesæle råd er det Sigurd giver, men vil du fremme din ret efter bedste evne, så kan jeg råde bedre. Regn aldrig på bøder så længe Hjørdis har noget at sige; men hævn kan du få, ifald du vil lyde mig.

ØRNULF.
Hævn? Hvad råder du da til?
SIGURD.
Til ondt, det ser jeg nok!
DAGNY (til Ørnulf).
Hør ikke på ham!
KÅRE.
Hjørdis har sagt mig fredløs, med list vil hun stå mig efter livet; lover du at værge mig siden, så vil jeg inat gå til Gunnars gård og brænde folkene inde. Er det efter dit sind?
SIGURD.
Niding!
ØRNULF (roligt.) Efter mit sind? Ved du, Kåre, hvad der er mere efter mit sind? *(tordnende)* At hugge næse og øren av dig, du usle træl! Lidet kender du gamle Ørnulf, ifald du mener at han vil være halvt om slig skændselsgerning!
KÅRE (der er vegen tilbage). Falder du ikke over Gunnar, så falder han over dig!
ØRNULF.
Det har jeg næver og våben itil at hindre.
SIGURD (til Kåre).
Og nu bort fra os! Hæderlige mænd har skam af dit samkvem!
KÅRE (ved udgangen).
Ja ja, jeg får da værge mig selv så godt jeg kan; men det siger jeg: angre vil I, om I farer frem med lempe; jeg kender Hjørdis, — og skal vel vide at ramme hende! *(går ned til søen.)*
DAGNY.
Han pønser på hævn. Sigurd, det må hindres!
ØRNULF (fortrædeligt).
Å, lad ham gøre hvad han lyster; hun er ikke bedre værd!
DAGNY.
Det mener du ikke; kom ihu, du har dog fostret hende.
ØRNULF.
Usalig var den time jeg tog hende under mit tag; det begynder at gå som Jøkul sagde.
SIGURD.
Jøkul?
ØRNULF.
Jøkul, hendes fader. Da jeg gav ham banehugget, faldt han flad

ned på græsvolden, så på mig og kvad:
Jøkuls æt skal Jøkuls bane
volde ve på alle veje;
hvo der ejer Jøkuls skatte
skal ej glædes ved sit eje!
Da han så havde kvædet, taug han stille en stund og lo, og derpå døde han.
SIGURD.
Det skal du lidet agte.
ØRNULF.
Ja ja, hvem vet! Der går et sikkert sagn om at Jøkul engang gav sine børn et ulvehjerte at æde, så at de blev gramme i hu; Hjørdis har forvist fået sin del, det kendes på hende *(standser ved at se ud til højre.)* Gunnar! — Skal vi to stedes til møde igen!
GUNNAR *(kommer).*
Ja, Ørnulf, du får tænke om mig hvad du vil; men jeg kan ikke skilles fra dig som din uven.
ØRNULF.
Hvad er din agt?
GUNNAR.
At række dig hånden til fred før du rejser. Hør mig alle; følg mig hjem og bliv som gjæster hos mig sålænge det lyster eder. På soverum og gildekost skorter det ikke, og om vor tvist skal hverken tales idag eller imorgen.
SIGURD.
Men Hjørdis — ?
GUNNAR.
Føjer sig efter min vilje; hun skifted sind på hjemvejen og mente som jeg, at vi nok kunde forliges, ifald I vilde gæste os.
DAGNY.
Ja, ja; så må det være!
SIGURD *(tvivlrådig).*
Men jeg ved dog ikke om —
DAGNY.
Gunnar er din fosterbroder; forsandt, jeg måtte kende dig ilde ifald du vægrer dig.
GUNNAR *(til Sigurd).* Venskab har du vist mig hvorhelst vi færdedes; du vil ikke denne gang være mig imod!

DAGNY.
Og at fare fra landet, medens Hjørdis sidder med had igen; — nej, nej, det må vi ikke!
GUNNAR.
Stor uret har jeg øvet mod Ørnulf; før det er gjort godt igen får jeg ikke fred for mig selv.
SIGURD (hæftigt).
Alt andet kan jeg gjøre for dig, Gunnar, kun ikke at blive her! *(fatter sig.)* Jeg er kong ÆÆdhelstans håndgangne mand, og jeg må til ham i England endnu i vinter.
DAGNY.
Men det kan du jo lige godt.
GUNNAR.
Ingen ved hvad lod mænd kan møde; kan hænde, Sigurd, at det er sidste gang vi træffes, og angre vil du da, at du ikke var mig hjælpsom i det længst e.
DAGNY.
Og sent vil du se mig glad, hvis du sejler bort idag.
SIGURD (bestemt).
Vel, lad så være! Det skal ske som I ønsker, endskønt, — dog, nu står det fast; der er min hånd; jeg bliver her, og skal gæste dig og Hjørdis.
GUNNAR (ryster hans hånd). Tak, Sigurd, det vidste jeg vel. — Og du, Ørnulf, du siger som han?
ØRNULF (tvær).
Jeg skal tænke på det; bittert har Hjørdis krænket mig; — idag vil jeg ikke svare.
GUNNAR.
Ja ja, gamle kæmpe, Sigurd og Dagny vil nok vide at glatte din pande. Nu bereder jeg gildet; far med fred sålænge, og vel mødt i min hal! *(går ud til højre.)*
SIGURD (for sig selv).
Hjørdis har skiftet sind, sagde han! Da kender han hende lidet; snarere må jeg tro at hun pønser på — *(afbryder og vender sig til mændene).* Nu, følg mig alle til skibene; gode varer vil jeg vælge for Gunnar og hans husfolk.
DAGNY.
Gaver af det bedste vi ejer. Og du, min fader, — ja du får ikke fred for mig før du føier dig.

(Hun går med Sigurd og mændene ned til søen i baggrunden.)
ØRNULF.
Føjer mig? Ja, havde Gunnar ingen kvindfolk i huset, så — ha, vidste jeg ret at ramme hende! — Thorolf kommer du hid!
THOROLF *(der raskt er trådt ind).*
Som du ser! Er det sandt der spørges, har du været til møde med Gunnar herse?
ØRNULF.
Ja!
THOROLF.
Og har nu strid med ham?
ØRNULF.
Hm, i det mindste med Hjørdis.
THOROLF.
Så vær trøstig; nu får du hævn!
ØRNULF.
Hævn? Hvem hævner mig?
THOROLF.
Hør kun; jeg stod på skibet, da kom en mand løbende med en stav i hånden og råbte: "Hører du til Ørnulfs hærskib, så hils ham fra Kåre bonde og sig, at nu tager jeg hævn for os begge." Derpå gik han i en båd og roede bort, idet han sagde: "Tyve fredløse mænd ligger i fjorden; med dem går jeg sørpå, og inden kveldstid skal ikke Hjørdis have nogen afkom at rose sig af."
ØRNULF.
Det sagde han! Ha, ha, nu skjønner jeg; Gunnar har skikket sin søn bort, Kåre ligger i ufred med ham —
THOROLF.
Og nu roer han efter og dræber gutten!
ØRNULF *(rask besluttet).*
Afsted alle; det bytte vil vi strides om!
THOROLF.
Hvad har du isinde?
ØRNULF.
Lad mig om det; det skal blive mig, og ikke Kåre, som tager hævn!
THOROLF.
Jeg går med dig!

ØRNULF.
Nej, du følger Sigurd og din søster til Gunnars gård.
THOROLF.
Sigurd? Er han her i landet?
ØRNULF.
Der ser du hans hærskibe; vi er forligte; — du følger ham.
THOROLF.
Til dine uvenner?
ØRNULF.
Gå du kun til gildet. Nu skal Hjørdis lære gamle Ørnulf at kende! Men hør, Thorolf, for ingen nævner du det, jeg nu har isinde; hører du, for ingen!
THOROLF.
Det lover jeg.
ØRNULF *(tager hans hånd og ser kærligt på ham).*
Farvel da, min vakkre gut; te dig høvisk i gildehuset, så jeg har hæder af dig. Unødig tale skal du ikke føre; men det du mæler, skal være hvast som en sværdsæg. Vær vennesæl sålænge godt vises dig; men ægges du, da skal du ikke tie dertil. Drik ikke mere end du kan bære; men vis heller ikke hornet fra dig, når det bydes med måde, på det at du ikke skal holdes for en kvinde — karl.
THOROLF.
Nej, vær du tryg!
ØRNULF.
Så gå nu til gildet i Gunnars gård. Jeg kommer også til gilde, og det på den vis, som mindst ventes, *(muntert til de andre.)* Afsted, ulvunger; slib jeres tænder, — nu skal I få blod at drikke!
(Han går med de ældre sønner til højre i baggrunden).
(SIGURD og DAGNY kommer i prægtige gildeklæder fra stranden, fulgte af to mænd, der bærer en kiste; mændene går straks tilbage igen.)
THOROLF *(ser efter faderen).*
Nu farer de alle ud for at slåes, og jeg må ikke gå med; det er tungt at være den yngste i ætten. — Dagny, hil og sæl dig, søster min!
DAGNY.
Thorolf! Alle gode vætter, — du er jo bleven voksen!

THOROLF.
Nu ja, i fem år skulde jeg vel mene —
DAGNY.
Ja ja, du siger sandt.
SIGURD *(rækker ham hånden).*
I dig får Ørnulf en rask svend, hvis jeg ikke fejler.
THOROLF.
Vilde han bare prøve mig, så —
DAGNY *(smilende).*
Men han sparer dig mere end du har sind til; jeg mindes nok, han har dig fast altfor kær.
SIGURD.
Hvor gik han hen?
THOROLF.
Ned til skibet; — afsted nu, han kommer siden!
SIGURD.
Jeg venter på mine mænd, de bringer varer op og fæster skibene.
THOROLF.
Der må jeg hjælpe til! *(går ned til søen.)*
SIGURD *(efter en kort betænkning).*
Dagny, min hustru, nu er vi i enrum; jeg har ting at sige dig, som ikke længer må dølges.
DAGNY *(forundret).*
Hvad mener du?
SIGURD.
Farlig tør den blive, denne færd til Gunnars gård.
DAGNY.
Farlig? Tænker du at Gunnar — ?
SIGURD.
Gunnar er bold og brav; nej, nej, — men bedre var det, ifald jeg havde faret herfra uden at gæste ham.
DAGNY.
Du gør mig ræd! Sigurd, hvad er det?
SIGURD.
Svar mig først på et. Den guldring, som jeg engang gav dig, hvor har du den?
DAGNY *(viser den frem).*
Her om armen; du bød mig bære den.

SIGURD.
Kast den på havets bund, så dypt at den aldrig findes; thi den kan blive mange mænds bane!
DAGNY.
Ringen!
SIGURD *(dæmpet).*
Den kveld, da kvinderanet gik for sig hos din fader, — du mindes vel —
DAGNY.
Om jeg mindes!
SIGURD.
Det er om d e t jeg vil tale.
DAGNY *(spændt).*
Hvad er det; sig frem!
SIGURD.
Du ved der havde været gilde; tidligt gik du til sovestuen; men Hjørdis blev siddende ved drikkebordet mellem mændene. Flittigt gik hornet rundt, og allehånde stærke løfter blev svorne. Jeg svor at føre en fager mø fra Island når jeg rejste; Gunnar svor det samme som jeg og gav drikken til Hjørdis. Da tog hun ved hornet, stod op og gjorde det løfte, at ingen kæmpe skulde eje hende til viv, undtagen den, som gik til hendes bur, dræbte hvidbjørnen, som der stod bunden ved døren, og bar hende bort på sine arme.
DAGNY.
Ja ja, det ved jeg!
SIGURD.
Men alle mente de, at det var ugørligt; thi bjørnen var det vildeste udyr; ingen uden Hjørdis kunde komme den nær, og den havde tyve mænds styrke.
DAGNY.
Men Gunnar fældte den dog, og blev navnkundig over alle lande for den dåd.
SIGURD *(dæmpet).*
Det blev han, — men — j e g øved dåden!
DAGNY *(med et udråb).*
Du!
SIGURD.
Da mændene gik fra gildestuen, bad Gunnar mig følge med til

27

enetale i soverummet. Da sagde han: "Hjørdis er mig kærere, end alle kvinder; jeg kan ikke leve uden hende". Jeg svared ham: "Så gå til hendes bur; du ved de vilkår hun har sat". Men han sagde: "Kvindekær mand skatter livet højt; uvist blev udfaldet, om jeg gik mod bjørnen, og jeg ræddes for at lade livet nu; thi så mistede jeg Hjørdis med". Længe talte vi sammen, og enden blev, at Gunnar gjorde sit skib rede, men jeg drog mit sværd, tog Gunnars hærklæder på og gik til buret.
DAGNY *(med stolt glæde).*
Og du — du blev bjørnens bane!
SIGURD.
Det blev jeg. I buret var mørkt, som under ravnens vinger; Hjørdis mente det var Gunnar, som sad hos hende, — hed var hun af mjøden, — hun drog en ring af sin arm og gav mig; — det er d e n , du nu bærer.
DAGNY *(nølende).*
Og du blev natten over i buret hos Hjørdis?
SIGURD.
Mit sværd lå draget mellem os. *(kort ophold.)* Før dagen gryde, bar jeg Hjørdis til Gunnars skib; vor list mærked hun ikke, og han sejled bort med hende. Derpå gik jeg til din sovestue og fandt dig der blandt dine kvinder; — nu, hvad siden fulgte, det ved du; jeg for fra Island med en fager mø, som jeg havde svoret, og du har siden trofast fulgt mig hvor jeg stævned hen.
DAGNY *(i bevægelse).*
Bolde husbond! Du øved hin stordåd; — o, det burde jeg tænkt; ingen, uden du, var dertil istand! Hjørdis, denne stolte og ypperlige kvinde, kunde du vundet, og kåred dog mig! Tifold kærere måtte du være mig nu, ifald du ikke alt var mig det kæreste i verden!
SIGURD.
Dagny, min gode hustru, nu ved du alt — hvad som trænges. Jeg måtte vare dig; thi ringen, — lad den aldrig komme Hjørdis for øje! Vil du gøre mig til vilje, så kast den ud — dybt på havbunden!
DAGNY.
Nej, Sigurd, dertil er den mig for kær; den er jo en skænk fra dig! Men vær du tryg, jeg skal dølge den for alles øjne, og aldrig skal jeg røbe, hvad du her har sagt mig.

(Thorolf kommer fra skibene med Sigurds mænd).
THOROLF.
Alt er rede til gildefærden!
DAGNY.
Kom da, Sigurd, — du ædle, djærve kæmpe!
SIGURD.
Rolig, Dagny, — rolig! I d i n makt står det nu, om færden skal endes med fred eller mandefald! *(raskt til de øvrige.)* Afsted alle til gildet i Gunnars gård!
(går med Dagny til højre; de andre følger efter.)

ANDEN HANDLING.

(Gildestuen hos Gunnar herse. Udgangsdøren er i baggrunden; mindre døre på sidevæggene. I forgrunden til venstre det store højsæde, ligeover for dette, til højre, det mindre. Midt på gulvet brænder en stokild på en muret grue. I baggrunden på begge sider af døren er forhøjninger for husets kvinder. Fra begge højsæter langs stuevæggene op mod baggrunden strækker sig to lange borde med bænke om. Det er mørkt udenfor; stokilden oplyser stuen.)

(Hjørdis og Dagny kommer ind fra højre.)

DAGNY.
Nej, Hjørdis, jeg skønner mig ikke på dig; nu har du vist mig om i gården; jeg ved ikke den ting det skorter dig på, og alt det du ejer er skønt og ypperligt; — hvor kan du så klage?

HJØRDIS.
Hm, sæt en ørn i bur og den vil bide i stængerne, enten de så er af jern eller guld.

DAGNY.
I en ting er du dog rigere end jeg; du har Egil, din lille gut.

HJØRDIS.
Bedre ingen afkom, end en, der er uhæderlig født.

DAGNY.
Uhæderlig?

HJØRDIS.
Mindes du ikke, hvad din fader sagde? Egil er en frillesøn; så var hans ord.

DAGNY.
Et ord i vrede, — hvor vil du agte på det!

HJØRDIS.
Jo, jo, Ørnulf havde ret; Egil er veg; det kendes på ham, at han er ufrels født.

DAGNY.
Hjørdis, hvor kan du — !

HJØRDIS *(uden at agte på hende).*
Således mægter da skændselen at suge sig ind i blodet, ligesom

edderen efter et ormebid. Der er andet malm i fribårne
heltesønner; jeg har hørt om en dronning, som tog sin søn og
syde ham kjortelen fast i kødet, uden at han blinked med øjnene
derved, *(med et ondskabsfuldt udtryk.)* Dagny, det vil jeg prøve
med Egil!
DAGNY (oprørt).
Hjørdis, Hjørdis!
HJØRDIS (leende).
Ha, ha, ha! Tænker du det var mit alvor? *(forandrer tonen.)* Men
du må nu tro mig eller ikke, så kommer der stundom over mig
en — en fristende lyst til slige gerninger; det må vel ligge i
ætten, — thi jeg er jo af jøtunslægt, siges der. — Nå, sæt dig,
Dagny; vidt har du faret om i de fem lange år; — sig mig, — i
kongsgårdene var du vel mangengang til gæst?
DAGNY.
Det var jeg, — fornemmelig hos Ædhelstan i England.
HJØRDIS.
Og var højt hædret overalt; sad på de ypperste sæder ved
bordet?
DAGNY.
Det kan du vide. Som Sigurds hustru —
HJØRDIS.
Ja, javist, — en berømmelig mand er Sigurd — skønt Gunnar
står over ham.
DAGNY.
Gunnar?
HJØRDIS.
E n dåd øved Gunnar, medens Sigurd ikke turde prøve derpå; —
nå, lad det være; — men sig mig, når Sigurd for i viking og du
var med, — når du hørte sværdene suse i den hvasse leg, når
blodet damped rødt på skibsdækket, — kom der så ikke over
dig en utæmmelig lyst efter at strides blandt mændene; klædte
du dig så ikke i hærklæder og tog våben i hånd?
DAGNY.
Aldrig! Hvad tænker du på? Jeg, en kvinde?
HJØRDIS.
En kvinde, en kvinde, — hm, der er ingen, som ved hvad en
kvinde er istand til! — Nu, en ting kan du dog sige mig, Dagny;
thi det må du sikkert vide: Når en mand favner den kvinde, han

31

har kær, — er det sandt, at da brænder hendes blod, hendes
bryst banker, — svimler hun i sælsom fryd derved?
DAGNY (rødmende).
Hjørdis, hvor kan du —!
HJØRDIS.
Nu da, sig mig —!
DAGNY.
Det tænker jeg forvist du har fornummet.
HJØRDIS.
Ja, en gang, kun en eneste; det var hin nat, da Gunnar sad hos
mig i buret; han krysted mig i favn så brynjen brast, og da, da —
DAGNY (udbrydende).
Hvad! Sigurd —!
HJØRDIS.
Sigurd? Hvo taler om Sigurd? Jeg nævnte Gunnar, — hin nat, da
kvinderanet —
DAGNY (fatter sig).
Ja ja, jeg mindes, — jeg ved vel —
HJØRDIS.
Det var den eneste gang; aldrig, aldrig siden! Jeg tænkte, at jeg
var slagen med trolddom; thi at Gunnar så kunde favne en
kvinde, det — *(standser og ser på Dagny.)* Er du syg? Mig tykkes,
du blir bleg og rød!
DAGNY.
Visst ikke, visst ikke!
HJØRDIS (uden at agte på hende).
Nej, i lystig ledingsfærd skulde jeg gået; det havde været bedre
for mig, og — kan hænde for os alle. Det havde været et liv, fuldt
og rigt! Undres du ikke, Dagny, ved at finde mig levende her?
Ræddes du ikke ved at være i enrum med mig i stuen, nu da det
er mørkt? Får du ikke de tanker, at jeg må være død i den lange
tid, og at det er en genganger, som her står hos dig?
DAGNY (uhyggeligt tilmode).
Kom — lad os gå — til de andre!
HJØRDIS (tager hende i armen).
Nej bliv! Skønner du det, Dagny, at et menneske kan leve efter at
have siddet her i fem nætter?
DAGNY.
Fem nætter?

HJØRDIS.
Her nordpå er hver nat en vinter lang. *(raskt med forandret udtryk).* Tro ellers ikke andet, end at her er vakkert nok! Du skal se syner her, som du aldrig har set i Englands kongsgårde; vi vil være sammen som søstre den tid du gæster mig; ned til havet skal vi gå, når uvejret ret begynder igen; du skal se bølgerne flyve mod land som vilde, hvidmankede heste, — og så hvalerne langt derude! De går mod hinanden, som kæmper i stål og plade! Ha, hvilken lyst at sidde som heksekvinde på hvalens ryg, at ride foran snekken, vække uvejr og lokke mændene i dybet ved fagre galdrekvad!
DAGNY.
O fy, Hjørdis, hvor kan du tale så!
HJØRDIS.
Kan du kvæde galder, Dagny?
DAGNY (med afsky).
Jeg!
HJØRDIS.
Ja, jeg tænkte det; hvormed lokked du da Sigurd?
DAGNY.
Skændigt taler du mig til; jeg vil gå!
HJØRDIS (holder hende tilbage).
Fordi jeg skæmter! Nej, hør kun videre! Tænk dig, Dagny, at sidde om kvælden her ved lugen og høre på draugen, der græder i bådhuset; at sidde og vente og lytte på de døde mænds hjemfærd; thi her nordpå, her må de forbi. Det er de djærve mænd, der faldt i strid, de stærke kvinder, der ikke fristed livet tamt, som du og jeg; i storm og uvejr suser de gennem luften på sorte heste, med ringlende bjælder! *(slår armene om hende og trykker hende vildt op til sig.)* Ha, tænk dig, Dagny, at fare den sidste færd på så god en ganger!
DAGNY (idet hun river sig løs).
Hjørdis, Hjørdis! Slip! Jeg vil ikke høre på dig!
HJØRDIS (leende).
Veg er du af sind og let at skræmme!
(Gunnar kommer fra baggrunden med Sigurd og Thorolf.)
GUNNAR.
Ja forsandt, nu er mine kår de bedste jeg ved; dig, Sigurd, min ærlige bolde broder har jeg fundet igen, fuldt så trofast som før;

jeg har Ørnulfs ætling under mit tag, og gubben selv følger snart efter, ej så?
THOROLF.
Det loved han.
GUNNAR.
Så fattes mig kun, at liden Egil sad hjemme.
THOROLF.
Du har nok gutten kær; thi du nævner ham så tidt.
GUNNAR.
Det har jeg; han er jo den eneste; og fager og vennesæl vil han blive.
HJØRDIS.
Men ingen kæmpe.
GUNNAR.
Nu, nu, — det skal du ikke sige.
SIGURD.
Men at du skikked ham fra dig —
GUNNAR.
Gid jeg ikke havde gjort det! *(halvt sagte.)* Men, Sigurd, det ved du nok: umandigt handler stundom den, der har en kær over alle ting *(højt.)* Få mænd havde jeg på gården, og ingen af os kunde være tryg på livet, da det rygtedes, at Ørnulf lagde til landet med hærskib.
HJØRDIS.
En ting ved jeg, som bør frelses først, livet siden.
THOROLF.
Og det er?
HJØRDIS.
Hæder og rygte blandt mænd.
GUNNAR.
Hjørdis!
SIGURD.
Ej skal det siges Gunnar på, at han har forspildt sin hæder ved denne gerning.
GUNNAR *(strengt).*
Det lykkes ingen at ægge mig mod Ørnulfs frænder!
HJØRDIS *(smilende).*
Hm, sig mig, Sigurd, — kan dit skib sejle med al slags vind?

SIGURD.
Ja, når det styres med kløgt.
HJØRDIS.
Godt, jeg vil også styre mit skib med kløgt, og skal vel komme
did, jeg ønsker, *(går op i stuen).*
DAGNY (sagte og urolig).
Sigurd, lad os fare herfra — endnu ikvæld!
SIGURD.
Nu er det for sent; det var dig selv, som —
DAGNY.
Dengang havde jeg Hjørdis kær; men nu — ; jeg har hørt ord af
hende, som jeg ræddes ved at tænke på.
*(SIGURDs mænd samt andre gæster, mænd og kvinder, huskarle
og terner fra baggrunden.)*
*GUNNAR (efter en kort pause, der udfyldes med gensidige
hilsninger o. s. v.).* Nu til drikkebordet! Min fornemste gæst,
Ørnulf fra Fjordene, kommer siden; det har Thorolf tilsagt mig.
HJØRDIS (til husfolkene).
Lad øl og mjød bæres om, så løses tungen og sindet gøres
lystigt.
*(Gunnar fører Sigurd til højsædet til højre. Dagny sætter sig ved
Sigurds højre side, Hjørdis ligeover for ham på den anden side af
samme bord. Thorolf anvises plads på samme måde ved det andet
bord og sidder altså lige for Gunnar, der sætter sig i det store
højsæde. De øvrige tager plads opad mod baggrunden.)*
*HJØRDIS (efter et ophold, hvori man drikker sammen og tales
sagte ved over bordet).* Sjelden hændes, at så mange djærve
mænd sidder sammen, som nu ikvæld i stuen her. Godt vilde det
derfor sømme sig at øve den gamle morskab: Lad hver mand
nævne sine bedrifter, så må alle dømme sig imellem, hvo der er
den ypperste.
GUNNAR.
Den skik er ej god i drikkelag; tidt voldes ufred derved.
HJØRDIS.
Ikke tænkte jeg, at Gunnar herse var ræd.
SIGURD.
Det tænker forvist ingen; men sent blev vi færdige, skulde vi
nævne vore bedrifter, så mange vi her er. Fortæl os heller,
Gunnar, om din Bjarmelandsrejse; det er fuldgod bedrift at fare

35

så langt nord, og gerne hører vi på dig.
HJØRDIS.
Bjarmelandsrejse er farmands værk og lidet sømmelig at nævne mellem kæmper. Nej, begynd du, Sigurd! Hvis jeg ikke skal tænke at du nødig hører min husbond prises, så begynd! Sig frem; nævn den dåd du har øvet, og som du højest skatter.
SIGURD.
Nu, siden du tvinger mig, får det vel så være. Det er da at nævne, at jeg lå i viking under Orknø; der kom fiender imod os, men vi ryddet skibene, og jeg stred alene med de otte mænd.
HJØRDIS.
God var den dåd; men var du fuldt rustet?
SIGURD.
Fuldt rustet, med økse, spyd og skjold.
HJØRDIS.
God var dåden endda. Nu må du, min husbond, nævne, hvad der tykkes dig hæderligst af dine bedrifter.
GUNNAR (uvillig).
Jeg vog to bersærker, som havde røvet et handelsskib; derpå sendte jeg de fangne farmænd hjem og gav dem skibet fri uden løsepenge. Kongen i England tyktes godt om den bedrift, sagde, jeg havde handlet hæderligt, og gav mig tak og gode gaver derfor.
HJØRDIS.
Forsandt, Gunnar, bedre bedrift kunde du dog nævne.
GUNNAR (hæftigt).
Jeg roser mig ikke af anden bedrift! Siden jeg sidst for fra Island, har jeg levet i fred og drevet farmandsfærd. Der skal ikke nævnes mere heroin!
HJØRDIS.
Ifald du selv dølger din hæder, så skal din hustru tale.
GUNNAR.
Hjørdis, ti — jeg byder dig!
HJØRDIS.
Sigurd stred mod otte mænd og var fuldt rustet; Gunnar gik til mit bur ved mørk nat, fældte bjørnen, som havde tyve mænds styrke, og bar dog kun et kort sakssværd i hånden.
GUNNAR (i stærkt oprør.)
Kvinde, ikke et ord mere!

DAGNY *(sagte).*
Sigurd, vil du tåle — !
SIGURD *(ligeså).*
Vær rolig!
HJØRDIS *(til de øvrige).*
Og nu, I gæve mænd, — hvo er djærvest, Sigurd eller Gunnar?
GUNNAR.
Stille!
HJØRDIS *(med hævet stemme).*
Sig frem, det kræves med rette!
EN GAMMEL MAND *(blandt gæsterne).*
Skal sandhed siges, så er Gunnars dåd ypperligere end alt, hvad mænd har øvet; Gunnar er den djærveste helt, og dernæst Sigurd.
GUNNAR *(med et blik over bordet).*
Ha, Sigurd, Sigurd, ifald du vidste — !
DAGNY *(sagte).*
Det er formeget — selv for en ven!
SIGURD.
Ti, min hustru! *(højt til de øvrige).* Ja, visselig er Gunnar den hæderligste af alle mænd; og det vilde jeg holde ham for til min sidste dag, om han så aldrig havde øvet hin dåd; thi den agter jeg mindre højt end I.
HJØRDIS.
Der taler misundelsen af dig, Sigurd viking!
SIGURD *(smilende).*
Storlig fejler du nu! *(venligt til Gunnar, idet han drikker ham til over bordet.)* Hil dig, ædle Gunnar; fast skal vort venskab stå, hvo der end prøver på at bryde det.
HJØRDIS.
Det prøver ingen, såvidt jeg ved.
SIGURD.
Sig ikke det; næsten kunde jeg fristes til at tro, du bød os hid til drikkegilde for at vække ufred.
HJØRDIS.
Det ligner dig Sigurd; nu er du vred fordi du ikke må gælde for den ypperste mand i laget!
SIGURD.
Altid har jeg agtet Gunnar højere end mig selv.

HJØRDIS.
Nu ja, — bagefter Gunnar er jo også en god plads, og — *(med et sideblik til Thorolf)* havde Ørnulf været her, så kunde han fåt det tredje sæde.
THOROLF.
Da kom Jøkul, din fader, til at bænkes langt nede; thi han måtte dog bukke under for Ørnulf.
(Det følgende ordskifte føres fra begge sider under stigende, men dog undertrykt ophidselse.)
HJØRDIS.
Det skal du ikke sige! Ørnulf er jo skald, og der mumles om at han har prist sig selv for større bedrifter, end han har øvet.
THOROLF.
Da ve den, der mumler om sligt, så højt at det kommer for mine øren!
HJØRDIS (med et tirrende smil).
Vilde du hævne det?
THOROLF.
Ja, så det langvejs skulde spørges!
HJØRDIS.
Så vil jeg tømme et horn på, at du først må få skæg på hagen.
THOROLF.
Selv skægløs karl er for god til at mundhugges med kvinder.
HJØRDIS.
Men for veg til at slås med mænd; det var derfor din fader lod dig ligge i gruen hjemme på Island, medens dine brødre for i hærfærd.
THOROLF.
Ilde var det, at han ikke holdt ligeså godt øje med dig; thi så havde du ikke faret som hærtagen kvinde fra landet!
GUNNAR OG SIGURD.
Thorolf!
DAGNY (på samme tid).
Min broder!
HJØRDIS (sagte og bævende af forbitrelse).
Ha, bi — bi kun!
THOROLF (rækker Gunnar hånden).
Vær ikke vred, Gunnar; — onde ord faldt mig på tungen; men din hustru ægged mig!

DAGNY *(sagte og bedende).*
Fostersøster, såsandt du nogentid har havt mig kær, så væk ingen strid!
HJØRDIS *(leende).*
Ved drikkebordet må der skemt til, ifald lystigheden skal trives.
GUNNAR *(der har talt sagte med Thorolf).*
Du er en brav gut! *(rækker ham et sværd, som hænger ved højsædet.)* Der, Thorolf, der har du en god gave. Brug den vel, og lad os være venner.
HJØRDIS.
Ikke skulde du give dine våben bort, Gunnar; thi så vil folk sige, at du kun skiller dig ved de ting, du ikke selv har brug for!
THOROLF *(som imidlertid har undersøgt sværdet).*
Tak for gaven, Gunnar; i uhæderlig færd skal den aldrig svinges.
HJØRDIS.
Skal du holde det løfte, så lån aldrig sværdet til dine brødre.
GUNNAR.
Hjørdis!
HJØRDIS *(vedblivende).*
Men hæng det heller ikke på din faders stuevæg; thi der hænger det hos uhæderlige mænds våben.
THOROLF.
Sandt nok, Hjørdis, — din faders økse og skjold har hængt der i mange år.
HJØRDIS *(tvinger sig).*
At Ørnulf vog min fader, — den bedrift fører du altid i munden; men mæler rygtet sandt, så er gerningen ikke så hæderlig, som du tænker.
THOROLF.
Hvad rygte taler du om?
HJØRDIS *(smilende).*
Jeg tør ikke nævne det, thi du vilde blive vred derover.
THOROLF.
Så ti, — det ser jeg helst. *(vender sig fra hende.)*
HJØRDIS.
Nu, det kan jo også gerne siges. Er det sandt, Thorolf, at din fader sad tre nætter i kvindestak hos gyvren i Smalserhorn og kogte sejd, før han turde gå til holmgang med Jøkul?
(Alle rejser sig; stærk bevægelse blandt gæsterne.)

39

GUNNAR, SIGURD OG DAGNY.
Hjørdis!
THOROLF *(i højeste forbitrelse).*
Så arg en løgn har du aldrig spurgt om Ørnulf fra Fjordene! Det har du selv digtet; thi giftig, som du, må den være, der kan finde på sligt! Den værste udåd, nogen mand kan øve, har du her påsagt min fader! *(kaster sværdet fra sig.)* D e r, Gunnar, der har du gaven igen; ingen skænk tager jeg med fra det hus, hvor min fader er forhånet!
GUNNAR.
Thorolf, så hør dog!
THOROLF.
Lad mig gå. Men se dig for skulde både du og Hjørdis; thi min fader har i denne stund d e n i sin vold, som er eder dyrest af alle!
HJØRDIS *(studsende).*
Din fader har —!
GUNNAR *(med et utråb).*
Hvad siger du!
SIGURD *(hæftigt).*
Hvor er Ørnulf?
THOROLF *(med hånlatter).*
Sørpå, med mine brødre!
GUNNAR.
Sørpå!
HJØRDIS *(udbrydende).*
Gunnar! Ørnulf har dræbt Egil, vor søn!
GUNNAR.
Dræbt! Egil dræbt! Da ve Ørnulf og al hans æt! Thorolf, sig frem; — er det sandt;
SIGURD.
Gunnar, Gunnar, — hør mig!
GUNNAR.
Sig frem, ifald du agter dit liv!
THOROLF.
Du skræmmer mig ikke! Vent til min fader kommer; nidstang skal han rejse mod Gunnars gård! Men du, Hjørdis, — glæd dig imens ved de ord jeg hørte idag: "Før det kvældes skal Gunnar herse og hans hustru ikke have nogen afkom at rose sig

af"! *(går ud i baggrunden.)*
GUNNAR *(i dybeste smerte.)*
Dræbt, — dræbt! Min liden Egil dræbt!
HJØRDIS *(vildt).*
Og du — du lader ham gå! Lader Egil, din ætling, ligge uhævnet!
Hvermands niding skal du være ifald —!
GUNNAR *(som ude af sig selv).*
Et sværd, — en økse! Det er det sidste bud han bringer! *(griber en økse fra en af de omstående og iler ud.)*
SIGURD *(vil følge efter).*
Gunnar, styr dig!
HJØRDIS *(holder ham tilbage).*
Bliv, bliv! Mændene vil skille dem; jeg kender Gunnar! *(Et udråb høres fra mængden, der er stimlet sammen ved udgangen.)*
SIGURD OG DAGNY.
Hvad er det?
EN STEMME BLANDT MÆNGDEN.
Thorolf faldt!
SIGURD.
Thorolf! Ha, slip!
DAGNY.
Min broder! O, min broder!
(Sigurd vil ile ud; idetsamme skilles mængden ad, Gunnar træder ind, og kaster øksen fra sig ved døren.)
GUNNAR.
Nu er det gjort. Egil er hævnet!
SIGURD.
Vel dig, ifald du ikke har været for rap på hånden.
GUNNAR.
Kan hænde, kan hænde; men Egil, Egil, min fagre gut!
HJØRDIS.
Væbne os må vi nu og søge hjælp hos vore venner; thi Thorolf har mange eftermålsmænd.
GUNNAR *(mørkt).*
Selv vil han blive sin værste hævner; han vil stå mig for sindet nat og dag.
HJØRDIS.
Thorolf fik sin løn. For frænders færd må frænder lide.

GUNNAR.
Vel sandt; men det ved jeg, at jeg var gladere i hu før drabet.
HJØRDIS.
Blodnatten er altid den værste; — når den er over, så går det nok. Ved skændig list har Ørnulf fremmet sin hævn; i åben strid vilde han ikke gå mod os, lod som han var forligeligt sindet, og falder så over vort værgeløse barn! Ha, jeg så mere grant end I; jeg tænkte nok, at Ørnulf var ond og underfundig; vel havde jeg årsag til at ægge dig mod ham og al hans falske æt.
GUNNAR *(ophidset).*
Det havde du! Ringe er min hævn at regne mod Ørnulfs udåd. Han misted Thorolf, men har dog sex sønner igen, og jeg ingen — ingen!
EN HUSKARL *(ilsomt fra baggrunden).*
Ørnulf fra Fjordene kommer!
GUNNAR.
Ørnulf!
HJØRDIS OG FLERE MÆND.
Til våben! Til våben!
DAGNY *(på samme tid).*
Min fader!
SIGURD *(som greben af en anelse).*
Ørnulf —! Ha, Gunnar, Gunnar!
GUNNAR *(drager sværdet).*
Op alle mænd! Hævn over Egils bane!
(Ørnulf kommer ind med Egil på armen.)
GUNNAR *(med et skrig).*
Egil!
ØRNULF.
Her har I liden Egil igen!
ALLE *(mellem hverandre).*
Egil! Egil lever!
GUNNAR *(lader sværdet falde).*
Ve mig; hvad har jeg gjort!
DAGNY.
O, Thorolf, min broder!
SIGURD.
Jeg tænkte det nok;

ØRNULF *(sætter Egil ned).*
D e r, Gunnar, har du din vakkre gut!
EGIL.
Fader! Gamle Ørnulf vilde ikke gøre mig ondt, som du sagde da jeg rejste!
ØRNULF *(til Hjørdis).*
Nu har jeg givet bod for din fader; nu tænker jeg nok vi kan forliges.
HJØRDIS *(med undertrykt bevægelse).*
Kan hænde!
GUNNAR *(ligesom opvågnende).* Er det en hæslig drøm, der forvilder mig! Du — du bringer Egil hjem!
ØRNULF.
Som du ser; men det må du vide, at han har været døden nær.
GUNNAR.
Det ved jeg.
ØRNULF
Og glædes ikke mere over at han kommer?
GUNNAR.
Var han kommen tidligere, så skulde jeg glædet mig mere derover. Men sig mig alt, — hvad der er hændt!
ØRNULF.
Det er snart sagt. Kåre bonde lagde onde råd op mod eder; med andre ugerningsmænd for han sørpå efter Egil.
GUNNAR.
Kåre! *(sagte).* Ha, nu skønner jeg Thorolfs ord!
ØRNULF.
Hans færd kom mig for øre; slig udåd måtte aldrig øves. Bod for Jøkul vilde jeg ikike give, og gerne, Gunnar, havde jeg fældet dig i holmgang, ifald så skulde være, — men din æt måtte jeg dog frede om; med mine sønner for jeg da efter Kåre.
SIGURD *(sagte).*
En usalig dåd er her øvet!
ØRNULF.
Da jeg kom til, lå Egils følgesvende bundne, din søn var alt i dine uvenners magt, og længe skulde de ikke have sparet ham. Hed blev kampen da! Hvassere sværdhug har jeg sjeldent skiftet; Kåre og to mænd flygted op på landet; de andre sover trygt og vil være tunge at vække.

GUNNAR *(i stærk spænding).*
Men du — du Ørnulf —?
ØRNULF *(mørk).*
Sex sønner fulgte mig i striden.
GUNNAR *(åndeløs).*
Men hjemad?
ØRNULF.
Ingen.
GUNNAR *(forfærdet).*
Ingen! *(sagte).* Og Thorolf, Thorolf!
(Dyb bevægelse blandt mængden. Hjørdis synes at kæmpe en stærk indre kamp; Dagny græder stille ved højsædet til højre. Sigurd står smerteligt bevæget hos hende.)
ØRNULF *(efter et kort ophold.)*
Tungt er det at stå som en frodig gran, og så at kvistes af i et eneste uvejr. Dog, mand skal leve efter mand; — ræk mig et horn; jeg vil drikke mine sønners minde. *(En af Sigurds mænd bringer et horn.)* Hil eder der I nu rider, mine djærve sønner! Kobberportene skal ikke slå i på eders hæle, thi I kommer itil hallen med mange mænds følge! *(drikker og giver hornet fra sig.)* Og nu hjem til Island; Ørnulfs heltefærd er forbi; det gamle træ har kun e n grøn gren igen, og den må fredes om. Hvor er Thorolf?
EGIL *(til sin fader.)* Ja vis mig Thorolf! Ørnulf har sagt, han skal skære et skib til mig med mange, mange hærmænd i stavnen.
ØRNULF.
Prise må jeg alle gode vætter at ikke Thorolf fulgte med; thi hvis også han, — nej, så stærk jeg end er, — det havde faldet mig for tungt at bære. Men hvi kommer han ikke? Altid var han den første til at møde sin fader; thi det tyktes os begge, som vi ikke kunde leve hinanden en dag foruden.
GUNNAR.
Ørnulf, Ørnulf!
ØRNULF *(med stigende uro.)* Tause står I alle i stuen, det ser jeg nu; — hvad fattes, — hvor er Thorolf?
DAGNY.
Sigurd, Sigurd, — det blir ham det tungeste!
GUNNAR *(kæmpende med sig selv.)*
Gubbe! — Nej — og dog, det kan jo ikke dølges —

ØRNULF (hæftigt).
Min søn! Hvor er han?
GUNNAR.
Thorolf er dræpt!
ØRNULF.
Dræbt! Thorolf? Thorolf? Ha, du lyver!
GUNNAR.
Jeg gav mit varmeste hjerteblod for at vide ham ilive!
HJØRDIS (til Ørnulf.)
Selv er Thorolf skyld i det som hændte; med mørke taler gav han tilkjende, at du var falden over Egil og havde dræbt ham; — halvt i ufred skiltes vi sidst fra hverandre; du har før voldt mandefald i min æt; — og, foruden det, — som en kådmundet svend sad Thorolf ved gildet; han æggedes ved skemt, og gav mange onde ord fra sig; — først da var det at Gunnar harmedes; først da bar han våben på din søn; vel skulde jeg mene, han havde skellig årsag til den gerning.
ØRNULF (rolig).
Det kendes på dig at du er en kvinde; thi du bruger mange ord. Hvortil det? Er Thorolf dræbt, så er hans saga ude.
EGIL.
Når Thorolf er dræbt, så får jeg ingen hærmænd.
ØRNULF.
Nej, Egil, — nu har vi mistet vore hærmænd, både du og jeg. (til Hjørdis.) Din fader kvad:
"Jøkuls æt skal Jøkuls bane
volde ve på alle veje".
Godt har du nu sørget for, at hans ord kan sandes. (tier lidt og vender sig til en af mændene.) Hvor fik han banehugget?
MANDEN.
Tvers over panden.
ØRNULF (tilfreds).
Hm; det er hæderligt sted; så har han ikke vendt ryggen til. Men faldt han mod siden, eller ind mod Gunnars fødder?
MANDEN.
Halvvejs mod siden og halvvejs mod Gunnar.
ØRNULF.
Det spår kun halv hævn; ja, ja, — vi skal se!

GUNNAR *(nærmer sig.)*
Ørnulf, vel ved jeg, at ikke alt mit gods kan veje tabet op; men kræv af mig hvad du vil —
ØRNULF *(strængt, afbrydende.)*
Giv mig Thorolfs lig, og lad mig gå! Hvor ligger han?
GUNNAR *(peger taus mod baggrunden.)*
ØRNULF *(gør et par skridt, men vender sig og siger tordnende til Sigurd, Dagny og flere, der deltagende vil følge ham):*
Bliv! Tænker I at Ørnulf skal følges af sørgehuset, som en klynkende kvinde! Bliv, siger jeg! — Vel årker jeg Thorolf alene, *(med rolig kraft.)* Sønneløs går jeg; men ingen skal sige at han så mig bøjet! *(han går langsomt ud.)*
HJØRDIS *(med tvungen latter.)*
Ja, lad ham gå, som han vil; mandstærke trænger vi ikke til at være, om han kommer med ufred igen! Nu, Dagny, — nu tænker jeg det er sidste gang din fader stævner fra Island i sligt ærind!
SIGURD *(oprørt).*
O, skændigt!
DAGNY *(ligeså).*
Forhåne ham kan du! Forhåne ham — efter det, som her er øvet!
HJØRDIS.
Er gerningen gjort, så skal den også prises! Had og hævn svor jeg Ørnulf imorges; — Jøkuls drab kunde jeg glemme, alt andet, — kun ikke at han skændet mine kår. Frilleviv kaldte han mig; e r det så, da har jeg ingen skam deraf; thi Gunnar er nu mægtigere end din fader; han er ypperligere og mere navnkundig end Sigurd, din egen husbond!
DAGNY *(i stærkt oprør.)*
Der fejler du, Hjørdis, — og ret nu skal alle vide, at du lever under ræd mands tag!
SIGURD *(hæftigt.)*
Dagny, hvad vil du!
GUNNAR.
Ræd!
HJØRDIS *(med hånlatter.)*
Vidløst taler du der!
DAGNY.
Fordølges skal det ikke mere; jeg taug indtil du håned min fader

og mine faldne brødre; jeg taug mens Ørnulf var inde; thi han skulde ikke høre at Thorolf faldt for en nidings hånd; men nu; — pris aldrig Gunnar for hin dåd på Island; thi Gunnar er ræd! Sværdet, som lå draget mellem dig og ransmanden, det hænger ved min husbonds side, — og ringen, som du drog af din arm, den gav du til Sigurd, *(drager den af og holder den højt ivejret)* her er den!
HJØRDIS *(vildt).*
Sigurd!
MÆNGDEN.
Sigurd! Sigurd øved dåden!
HJØRDIS *(skælvende af sindsbevægelse.)*
Han, han! — Gunnar, er det sandt!
GUNNAR *(med ædel ro.)*
Sandt er alt; kun ikke at jeg er ræd; — jeg er hverken ræd eller niding.
SIGURD *(bevæget).*
Det er du ikke, Gunnar! Det har du aldrig været! *(til de øvrige).* Afsted, mine mænd! Afsted herfra!
DAGNY *(ved udgangen til Hjørdis.)*
Hvem er n u den ypperste mand i laget, m i n husbond eller d i n ! *(hun går ud med Sigurd og hans følge.)*
HJØRDIS *(for sig selv.)*
Nu har jeg kun en gerning igen; — kun e n dåd at pønse på: Sigurd eller jeg må dø!

47

TREDJE HANDLING.

(Stuen hos Gunnar herse. Det er dag.)
(Hjørdis sidder på bænken lige for det mindre højsæde beskæftiget med at flette en buesnor; på bordet ligger en bue og nogle pile.)

HJØRDIS *(idet hun strækker snoren.)*
Den er sejg og stærk; *(med et blik på pilene)* kolven både skarp og tung — *(lader hænderne synke ned i skødet)* men hvor findes den ihånd som —! *(hæftigt.)* Forhånet, forhånet af ham, — af Sigurd! Jeg må hade ham mere end andre, det mærker jeg godt; men mange dage skal ikke gå med, før jeg har —*(grublende)* Ja, men armen, som skal øve den dåd —?
(Gunnar kommer taus og tankefuld fra baggrunden).
HJØRDIS *(efter et kort ophold.)*
Hvor går det dig, min husbond?
GUNNAR.
Ilde, Hjørdis; dette her fra igår, det vil ikke ret glide ned; det ligger og tynger mig for hjertekulen.
HJØRDIS.
Gør som jeg; tag dig til at virke noget.
GUNNAR.
Det må jeg vel.
(Pause; Gunnar går frem og tilbage, bliver opmærksom og nærmer sig hende.)
GUNNAR.
Hvad gør du der?
HJØRDIS *(uden at se op.)*
Binder en buesnor; det ser du nok.
GUNNAR.
En buesnor — af dit eget hår!
HJØRDIS *(smilende).*
Der avles stordåd med hver time nuomstunder; du vog min fosterbroder, og jeg har bundet denne her siden daggry.

GUNNAR.
Hjørdis, Hjørdis!
HJØRDIS *(ser op.)*
Hvad er det?
GUNNAR.
Hvor var du inat?
HJØRDIS.
Inat?
GUNNAR.
Du var ikke i sovestuen.
HJØRDIS.
Det vet du?
GUNNAR.
Jeg kunde ikke sove; det voldte mig urolige drømme, dette — dette, som hændte med Thorolf; det båres mig for, som han kom — nå ja, jeg vågned; da hørtes det som en fager, forunderlig sang over huset; jeg stod op; glytted på døren; — herinde, her sad du ved stokilden, — den brændte blå og rød, — du skæftet piler og kvad galder over dem.
HJØRDIS.
Den gerning var nyttig; thi hårdt er brystet, som skal rammes idag.
GUNNAR.
Jeg skønner dig nok; du vil have Sigurd fældet.
HJØRDIS.
Hm, kan hænde.
GUNNAR.
Det sker dig aldrig til vilje. Med Sigurd holder jeg fred, så stærkt du end ægger mig.
HJØRDIS *(smilende).*
Mener du det?
GUNNAR.
Det ved jeg!
HJØRDIS *(rækker ham snoren).*
Sig mig, Gunnar, — kan du løse den knude der?
GUNNAR *(forsøger det).*
Nej, den er flettet for fast og kunstigt.
HJØRDIS *(rejser sig).*
Nornens spind er kunstigere flettet; det kan du end mindre

49

løse!
GUNNAR.
Krumme er de mægtiges veje; — dem kender hverken du eller jeg.
HJØRDIS.
E t ved jeg dog visst; at Sigurd vil volde usalige kår for os begge. *(Pause; Gunnar står fordybet i sig selv.)*
HJØRDIS (der i stilhed har holdt øje med ham).
Hvad tænker du på?
GUNNAR.
På en drøm, jeg nylig havde. Det kom mig for, at jeg havde øvet det værk, du nu kræver; Sigurd lå slagen på marken; du stod hos og var såre bleg. Da sagde jeg: "Er du nu glad, da det er gjort, som du vilde"? Men du lo og svared: "Gladere skulde jeg være, ifald du, Gunnar, lå der i Sigurds sted."
HJØRDIS (med tvungen latter).
Ilde må du kende mig, når slig uvittig drøm kan være dig hinderlig!
GUNNAR.
Hm! — Sig mig, Hjørdis, hvad tykkes dig om stuen her?
HJØRDIS.
Skal jeg sige sandt, Gunnar, — så tykkes det mig stundom for trangt herinde.
GUNNAR.
Ja ja, det har jeg tænkt; vi er en formange.
HJØRDIS.
Kan hænde to.
GUNNAR (der ikke hørte hendes ytring).
Men det skal bødes på.
HJØRDIS (ser spørgende på ham).
Bødes på? Du er da tilsinds at — ?
GUNNAR.
At ruste mine hærskibe og fare fra landet; jeg vil vinde den hæder igen, som jeg nu har mistet, fordi du var mig kærere end alle ting.
HJØRDIS (tankefuld).
Du farer fra landet? Ja, ja, det tør vel være bedst for os begge.
GUNNAR.
Alt fra den dag, vi stævned fra Island, så jeg nok, at det ikke

vilde gå godt med os. Dit sind er stolt og stærkt; der er de tider, da jeg fast ræddes for dig; men, sælsomt, — derved er det mest at jeg har dig så kær; der står en koglende skræk af dig, — det bæres mig for, at du kunde lokke mig til udåd, og at det vilde tykkes mig vel gjort, alt det du kræved. *(med stille hovedrysten.)* Ugrundeligt er nornens råd; Sigurd skulde blevet din husbond.
HJØRDIS *(udbrydende).*
Sigurd!
GUNNAR.
Ja Sigurd. Det er had og hævn, som forblinder dig, ellers vilde du skatte ham bedre. Som Sigurd skulde jeg været, da kunde jeg gjort dig livet lysteligit at bære.
HJØRDIS *(i stærk men undertrykt bevægelse.)*
Og d e t — d e t mener du Sigurd kunde gjort?
GUNNAR.
Han er stærk af sind, og derhos stolt som du.
HJØRDIS *(hæftigt).*
Hvis så er — *(fatter sig)* ligegodt, ligegodt! *(vildt udbrydende.)* Gunnar, tag Sigurds liv!
GUNNAR.
Aldrig!
HJØRDIS.
Ved list og svig blev jeg din hustru; — det skal være glemt! Fem glædeløse år har jeg siddet her; — glemt skal alt være fra den dag, da Sigurd ikke lever mere!
GUNNAR.
Af min hånd skal ingen men voldes ham *(viger uvilkårligt tilbage.)* Hjørdis, Hjørdis, du friste mig ikke!
HJØRDIS.
Så må jeg finde mig en anden hævner; længe skal Sigurd ikke tale forhånelsens ord over mig og dig! *(knytter hænderne i krampagtig forbitrelse.)* Hos hende — den enfoldige kvinde — hos hende sidder han kan hænde nu i enrum, leflende og ler over os; mæler om al den tort, som overgik mig, da han raned mig i dit sted; fortæller at han listelig lo, der han stod i det mørke bur, og jeg ikke kendte ham!
GUNNAR.
Det gør han ikke; det gør han ikke!

HJØRDIS *(stærkt).*
Sigurd og Dagny må dø! Jeg kan ikke trække vejret før de to er borte! *(træder tæt hen til ham med funklende øjne og siger vildt, men hviskende.)* Kunde du hjælpe mig med d e t , Gunnar, — da skulde jeg leve med elskov hos dig; da skulde jeg kryste dig i mine arme så varmt og så vildt, som du aldrig har drømt det!
GUNNAR *(vaklende).*
Hjørdis! Vilde du —!
HJØRDIS.
Hånd på værket, Gunnar, — så skal de tunge dage være forbi; ikke skal jeg da længere gå af stuen når du kommer; ikke tale umilde ord og døve dit smil, når du er glad; jeg skal klæde mig i pel og i kostelige silkeklæder; farer du i leding, jeg følger dig, — rider du i fredsom færd, jeg rider dig næst; ved gildet skal jeg sidde hos dig, fylde dit horn, drikke dig til og kvæde fagre kvad, der kan fryde dit hjerte!
GUNNAR *(næsten overvunden).*
Er det sandt; du vilde —!
HJØRDIS.
Mere end det, tifold mere, tro du mig! Kun hævn! Hævn over Sigurd og Dagny, og så skal jeg — *(standser, da hun ser døren åbnes.)* Dagny, — kommer du hid!
DAGNY *(fra baggrunden).*
Du skynde dig, Gunnar herse; — lad dine mænd ruste sig!
GUNNAR.
Ruste sig? Mod hvem?
DAGNY.
Kåre bonde kommer med mange fredløse folk; han vil dig ilde; Sigurd hindred ham nylig; men hvo kan vide —
GUNNAR *(bevæget).*
Det har Sigurd gjort for mig!
DAGNY.
Sigurd er dig forvist en fuldtro ven.
GUNNAR.
Og vi, Hjørdis, — vi som tænkte på — ; ja, det er som jeg siger, — trolddom ligger over al din tale; hver en dåd tykkes mig fager, når du nævner den.
DAGNY *(forundret).*
Hvad mener du?

GUNNAR.
Intet, intet! Tak for budskabet, Dagny; nu går jeg at samle mine svende. *(vender sig mod udgangen, men standser og nærmer sig igen.)* Sig mig, — hvor går det Ørnulf?
DAGNY *(sænker hovedet).*
Spørg ikke om det. Igår bar han Thorolfs lig til skibene; nu kaster han en haug ved stranden; — der skal hans sønner lægges. *(G u n n a r tier og går ud i baggrunden).*
DAGNY.
Før kveldstid er der ingen fare. *(nærmer sig.)* Hjørdis, jeg har et ærind til på gården; det er til dig jeg kommer.
HJØRDIS.
Til mig? Efter det, som gik for sig igår?
DAGNY.
Mest efter det. Hjørdis, fostersøster, bær ikke had til mig; glem de ord, som sorg og onde vætter lagde mig i munden; forlad mig al den tort jeg voldte dig; thi, tro du mig, jeg er nu tifold usaligere end du!
HJØRDIS.
Usalig — du; — Sigurds hustru?
DAGNY.
M i t værk er jo alt det, som øvedes, — at der blev yppet strid, at Thorolf faldt, at al den forhånelse overgik Gunnar og dig. Alt er j e g skyld i! Ve mig; — så gode var mine kår; men aldrig blir jeg glad mere efter denne dag.
HJØRDIS *(som greben af en pludselig tanke).*
Men før — i de fem lange år — i al den tid var lykken med dig?
DAGNY.
Kan du tvivle om det!
HJØRDIS.
Hm; igår tvivled jeg ikke, men —
DAGNY.
Hvad mener du?
HJØRDIS.
Å, ikke stort; lad os tale om andre ting.
DAGNY.
Nej visst ikke. Hjørdis sig mig — !
HJØRDIS.
Det gavner dig lidet; dog, siden du så vil det — *(med et*

53

ondskabsfuldt udtryk.) Kan du mindes engang, hist på Island; — vi var på thinget sammen med Ørnulf, din fader, og sad med vore legesøstre i thingboden, som kvinders skik er; da kom to fremmede mænd ind i boden.
DAGNY.
Sigurd og Gunnar.
HJØRDIS.
De hilste os med høviske lader, satte sig hos på bænken, og megen skemtsom tale blev da ført mellem os. Nogle var der, som vilde vide, hvi de to hærmænd kom til landet, og om det ikke var for at hente sig hustruer der på øen. Da sagde Sigurd: "Tungt vil det falde mig at finde den kvinde, jeg kan fæste min hu til". Ørnulf lo, og mente det skortet ikke Island på højættede kvinder og heller ikke på dem, der var rige; men Sigurd svared: "Hugprud hustru har helten behov. Den, jeg vil vælge, må ikke finde sig i at sidde i ringe kår; ingen hæder må tykkes hende så høj, at hun jo higer efter den; i viking må hun villig følge mig; hærklæder må hun bære; hun må ægge mig til strid og ikke blinke med øjnene, der sværdene lyner; thi er hun ræd av sind, da times mig liden hæder". Ej sandt, så talte Sigurd?
DAGNY (usikker).
Det gjorde han — men —
HJØRDIS.
Slig skulde hun være, den kvinde, som kunde gøre ham livet fagert; og så — *(med et foragteligt smil)* så kåred han dig!
DAGNY (smerteligt studsende).
Ha, du mener at — ?
HJØRDIS.
Se, derfor har du vel vist dig stolt og højsindet, krævet hæder af alle, på det at Sigurd kunde hædres ved dig; — ej så?
DAGNY.
Nej, Hjørdis, men —
HJØRDIS.
Til stordåd har du dog ægget ham, fulgt ham i hærklæder, og fundet det godt at være, hvor striden brændte som stærkest; — har du ikke?
DAGNY (dybt bevæget).
Nej, nej!

HJØRDIS.
Har du da været ræd av sind, så at Sigurd voldtes skam derved?
DAGNY (overvældet).
Hjørdis, Hjørdis!
HJØRDIS (hånligt smilende).
Men gode var da dine kår i al den tid; — mener du at Sigurd kan sige det samme!
DAGNY.
Lad mig være. Ve mig; du har gjort mig for klog på mig selv!
HJØRDIS.
Et skemtsomt ord, så græder du straks! Tænk nu bare ikke på det. Se her, hvad jeg har gjort idag; *(tåger nogle pile fra bordet)* — hvor spidse og skarpe du! Ej sandt, jeg forstår mig godt på at hvæsse pile?
DAGNY.
Og på at b r u g e dem med; du rammer sikkert, Hjørdis! Alt det du nys har sagt mig, — på det tænkte jeg aldrig før. *(hæftigere.)* Men at Sigurd —! At jeg i al den tid skulde gjort ham livet tungt og uhæderligt; — nej, nej, det kan ikke være sandt!
HJØRDIS.
Nå nå, trøst dig, Dagny; det e r jo heller ikke sandt. Ja, var Sigurd endnu tilsinds, som i fordums dage, da kunde det så være, dengang stod al hans hu og higen til at blive den ypperste mand i landet; — nu nøies han med ringere lykke.
DAGNY.
Nej Hjørdis, Sigurd er storsindet nu som før; jeg ser det vel, jeg er ikke den rette hustru for ham; han har dulgt det for mig; men således skal det ikke blive ved.
HJØRDIS.
Hvad vil du?
DAGNY.
Jeg vil ikke hænge som en tyngsel ved hans færd; jeg vil ikke længer være ham hinderlig.
HJØRDIS.
Du tænker da på —?
DAGNY.
Stille, der kommer folk! *(En huskarl fra baggrunden).*

55

KARLEN.
Sigurd viking kommer til gården!
HJØRDIS.
Sigurd! Så lad Gunnar kalde hid.
KARLEN.
Gunnar red ud for at samle sine grander; thi Kåre bonde vil —
HJØRDIS.
Godt, godt, det ved jeg; gå da! *(Karlen går; til Dagny, der ligeledes vil gå).* Hvor vil du hen?
DAGNY.
Ud for ikke at træffe Sigurd. Det bliver vel til det at vi må skilles, det skjønner jeg nok; men n u at stedes til møde med ham, — nej, nej, det kan jeg ikke. *(går ud til venstre).*
HJØRDIS *(ser en stund taus efter hende).*
Og hende var det jeg vilde — *(fortseetter tanken ved et blik på buesnoren).* Ringe hævn havde det været; — nej, nu hug jeg bedre til! Hm; det er tungt at dø, men stundom er det dog værre at leve!
(SIGURD fra baggrunden.)
HJØRDIS.
Det er Gunnar du søger, kan jeg tænke; sæt dig ned, ret nu kommer han. *(vil gå.)*
SIGURD.
Nej bliv; det er dig jeg søger mere end ham.
HJØRDIS.
Mig?
SIGURD.
Og vel var det jeg traf dig alene.
HJØRDIS.
Kommer du for at krænke mig, så er det dig visst lidet hiniderligt om stuen stod fuld både af mænd og kvinder.
SIGURD.
Å ja, jeg kender så godt de tanker du har om mig.
HJØRDIS *(bittert).*
Jeg gør dig uret kan hænde! Nej, nej, Sigurd, forgiftig har du været for alle mine levedage. Kom ihu, det var dig, som øved hin skændige list; det var dig, som sad hos mig i buret, gøgled elskov mens du lisfeligt lo derved, slængte mig bort til Gunnar, thi for ham var jeg god nok endda, — og for så fra landet med

den kvinde, du havde kjær!
SIGURD.
Mangt værk mægter mænds vilje at fremme; men de store gerninger styres af skæbnen, — så er det gået med os to.
HJØRDIS.
Vel sandt; onde norner råder over verden; men deres magt er ringe, ifald de ikke finder hjælpere i vort eget bryst. Lykken times den, der er stærk nok til at stævne i strid mod nornen; — det er d e t jeg nu vil gøre.
SIGURD.
Hvad mener du?
HJØRDIS.
Jeg vil vove en styrkeprøve med dem — med dem, som er over mig. Men lad os ikke tale mere om det; jeg har meget at gøre idag. *(hun sætter sig ved bordet)*
SIGURD (efter et kort ophold).
Du virker gode våben for Gunnar.
HJØRDIS (med et stille smil).
Ikke for Gunnar, men m o d dig.
SIGURD.
Det må vel komme ud på et.
HJØRDIS.
Å ja, det må vel så; thi er jeg nornen voksen, da skal du og Gunnar sent eller tidligt — *(holder inde, læner sig bagover mod bordet, ser smilende på ham og siger med forandret udtryk i stemmen:)* Hm; ved du, hvad mig stundom tykkes? Tidt finder jeg min fryd ved at male mig lystige billeder i sindet; jeg sidder da og lukker øjnene og tænker: Nu kommer Sigurd hin stærke til landet; — han vil brænde os inde, mig og min husbond. Alle Gunnars mænd er faldne; kun han og jeg er igen; — de tænder taget udenfra; — "Et bueskud", siger Gunnar "et eneste kan frelse os"; — da brister snoren — "Hjørdis, skær en fletning af dit hår og gør en buesnor deraf, — det gælder livet!" — Men jeg ler — "Lad brænde, lad brænde — livet er mig ikke en håndfuld hår værd!"
SIGURD.
Der er en sælsom magt i al din tale. *(nærmer sig.)*
HJØRDIS (ser koldt på ham).
Du sætter dig hos mig?

57

SIGURD.
Du tænker jeg er dig gram af hjertet. Hjørdis, det er sidste gang, vi tales ved; der er noget, som nager mig lig en sot, og på den vis kan jeg ikke rejse; du må kende mig bedre.
HJØRDIS.
Hvad vil du?
SIGURD.
Fortælle dig en saga.
HJØRDIS.
Er den tung?
SIGURD.
Tung som livet selv.
HJØRDIS (bittert).
Ved du, at livet kan være tungt?
SIGURD.
Døm om det, når min saga er ude.
HJØRDIS.
Så fortæl; jeg arbejder imens.
(han sætter sig på en liden krak ved hendes højre side.)
SIGURD.
Der var engang to unge hærmænd, som sejled fra Norge for at vinde gods og hæder; de havde tilsagt hinanden venskab, og holdt ærligt sammen så vide de end for om.
HJØRDIS.
Og de to unge hærmænd hed Sigurd og Gunnar?
SIGURD.
Å ja, vi kan kalde dem så. Langt om længe kom de til Island; der bode en gammel landnamsmand, som var faret fra Norge i kong Haralds tider. Han havde to fagre kvinder i sit hus; men den ene, hans fosterdatter, var dog den ypperligste; thi hun var forstandig og stærk af sind, og hærmændene talte om hende mellem sig, og ingen af dem havde set fagrere kvinde, så tyktes dem begge.
HJØRDIS (spændt).
Begge? Vil du spotte mig?
SIGURD.
Gunnar tænkte på hende nat og dag, og det gjorde nok Sigurd med; men begge taug, og på hende var ikke at mærke om Gunnar hued hende; men at hun ej var Sigurd god, det var

lettere at skønne.
HJØRDIS *(åndeløs).*
Bliv ved, det beder jeg — !
SIGURD.
Dog, desmere måtte Sigurd tænke på hende; men det var der ingen som vidste om. Da hændte det sig en kvæld at der var drikkelag, og svor da hin stolte kvinde at ingen mand skulde eje hende, uden den, der øved et storværk, som hun nævnte. Højt slog da Sigurds bryst af fryd; thi han kendte kraft i sig til at øve dåden; men Gunnar tok ham i enrum, nævnte om sin elskov; — Sigurd taug med sin, og gik så til —
HJØRDIS *(udbrydende).*
Sigurd, Sigurd! *(betvinger sig.)* Og den saga — er den sand?
SIGURD.
Det er den. En af os måtte jo vige; Gunnar var min ven; på anden vis kunde jeg ikke handle. Således blev du Gunnars viv, og jeg fæsted en anden kvinde.
HJØRDIS.
Og fik hende kær?
SIGURD.
Jeg lærte at skatte hende; men der er kun e n kvinde, som Sigurd har elsket, og det er den kvinde, som var ham gram fra den første dag de mødtes. *(rejser sig.)* Her ender min saga, lad os skilles nu. — Farvel, Gunnar herses hustru; vi mødes aldrig mere.
HJØRDIS *(springer op).*
Nej bliv! Ve os begge; Sigurd, hvad har du gjort!
SIGURD *(studsende).*
Jeg gjort? Hvad fattes dig?
HJØRDIS.
Og alt det siger du mig nu! Men nej, — det kan ej være sandhed!
SIGURD.
Det er sidste gang vi tales ved; hvert ord er sandhed — du skulde lære at dømme mig mildere, derfor måtte jeg tale nu!
HJØRDIS *(folder uvilkårligt hænderne og ser på ham i stille forbauselse):*
Elsket, — elsket mig — du! *(hæftigt, idet hun træder test hen til ham:)* Jeg tror dig ikke! *(ser stivt på ham og udbryder i vild smerte).* Jo, det er sandt og — usaligt for os begge! *(slår*

59

hænderne for ansigtet og fjerner sig.)
SIGURD (forfærdet).
Hjørdis!
HJØRDIS (stille, kæmpende mellem gråd og latter).
Bryd dig ikke om mig! Det var kun d e t jeg mente, at — *(lægger hånden på hans arm.)* Sigurd, du har ikke sagt din saga tilende; hin stolte kvinde, som du nævnte, — hun har elsket dig igen!
SIGURD (farer tilbage).
Du!
HJØRDIS (med fatning).
Ja Sigurd, jeg har elsket dig, det skønner jeg nu. Du siger jeg var taus og umild mod dig; hvad kan da en kvinde bedre gøre? Kunde jeg byde min elskov frem, da var jeg dig lidet værdig. Du tyktes mig stedse at være den ypperligste af alle mænd; og så at vide dig som en andens husbond, — det voldte mig hin bitre ve, som jeg ikke selv forstod!
SIGURD (rystet).
Et usaligt spind har nornen spundet om os to.
HJØRDIS.
Selv er du skyld deri: stærkt og kækt sømmer det sig manden at handle. Da jeg satte hint svære vilkår for den der skulde vinde mig, da tænkte jeg forvist på dig; — og dog kunde du — !
SIGURD.
Jeg kendte Gunnars sjælesot; jeg alene kunde læge den; — hvad var vel så for mig at vælge mellem? Og dog, havde jeg vidst det jeg nu ved, da tør jeg lidet svare for mig selv; thi elskov er så stærk en magt.
HJØRDIS (rask).
Nu vel, Sigurd, — et usaligt spil har skilt os ad i lange år; nu er knuden løst; de tider, som kommer, skal give os vederlag.
SIGURD (hovedrystende).
Det kan ej ske; vi må jo skilles igen.
HJØRDIS.
Det må vi ikke. Jeg elsker dig, det tør jeg nu sige uden at blues; thi min elskov er ikke leflende, som de vege kvinders; var jeg en mand, — ved alle vældige magter, jeg kunde endda elske dig således, som jeg nu gør det! Op da, Sigurd! Lykken er vel en stordåd værd; vi er begge fri, når vi selv vil det, og da er legen vunden.

SIGURD.
Fri? Hvad mener du?
HJØRDIS.
Hvad er vel Dagny for dig? Hvad kan hun vel være for dig? Ikke mere end Gunnar gælder i mine lønlige tanker. Hvad magt ligger der på, om to usle liv forspildes!
SIGURD.
Hjørdis, Hjørdis!
HJØRDIS.
Lad Gunnar blive her; lad Dagny fare til Island med sin fader; jeg følger dig i stål og plade, hvor du stevner hen. *(Bevægelse hos Sigurd.)* Det er ikke som din hustru jeg vil følge dig; thi jeg har hørt en anden til, og den kvinde lever, som før har hvilet dig nær. Nej, Sigurd, ikke som din hustru, men som hine stærke kvinder, som Hildes søstre vil jeg følge dig, ildne dig til strid og til mandig færd, så at dit navn kan gå vidt over landene; i sværdlegen vil jeg stå dig næst, færdes blandt dine kæmper i uvejr og vikingstævne; og når dit drapa kvædes, da skal det bære bud om Sigurd og Hjørdis tilhobe!
SIGURD.
Så var engang min fagreste drøm, nu er det for sent; Gunnar og Dagny står mellem os, og der har de begge ret til at stå. Jeg ødte min unge elskov for Gunnars skyld; — skal jeg bære kviden derved, så må ikke min gerning være fåfængt. Og nu Dagny; — troskyldig og fuld af lid for hun fra hjem og frænder; ingen tid må hun tænke at jeg længtes mod Hjørdis, så tidt hun tog mig i favn.
HJØRDIS.
Og for slig sags skyld vil du lægge en tyngsel på dit liv! Hvad fik du da kraft og styrke til, og derhos alle sindets ypperlige gaver? Og mener du det nu længer kan være sømmelig lod for mig at sidde på Gunnars gård? Nej, Sigurd, tro du mig, her er mangt at tage hånd i for en mand som du. Erik styrer Norges rige, reis dig mod ham; mange gode kæmper vil stille sig hen som dine håndgangne mænd; med utvingelig magt vil vi gå frem, stride og virke, og aldrig hvile før du sidder på Hårfagers kongestol.
SIGURD.
Hjørdis, Hjørdis, så har jeg drømt i min vilde ungdom; lad det være glemt; — frist mig ikke!

HJØRDIS *(med højhed.)*
Det er nornens råd at vi to skal holde sammen; det k a n ej ændres; grant ser jeg nu mit hverv i livet: at gøre dig berømmelig over alle lande. Du har stået for mig hver dag, hver time jeg leved her; jeg vilde rive dig ud af mit sind, men mægted det ikke; nu gøres det ej nødigt, nu da jeg ved du elsker mig.
SIGURD *(med tvungen kulde).*
Hvis så er, — da vid, — jeg har elsket dig; nu er det forbi; — jeg har glemt de dage.
HJØRDIS.
Sigurd, der lyver du! Såmeget er jeg værd, at har du engang elsket mig, da kan du aldrig glemme det.
SIGURD *(hæftigt).*
Det må jeg; det vil jeg nu!
HJØRDIS.
Lad så være; men du k a n det ikke! Hindre mig vil du; det lykkes ej; endnu før kvæld skal Gunnar og Dagny vide alt.
SIGURD.
Ha, det gør du ikke.
HJØRDIS.
Det gør jeg!
SIGURD.
Da måtte jeg kende dig ilde; højsindet tyktes du mig før at være.
HJØRDIS.
Onde dage føder onde tanker; for stor er den lid, du har sat til mig. Jeg vil, jeg må følge dig, — ud i livet og i striden; det er mig for lavt under loftet i Gunnar herses stue!
SIGURD *(med eftertryk).*
Men hæder mellem mænd har du dog skattet højt; der er skellig grund til strid mellem mig og Gunnar. Ifald nu han faldt for min hånd, vilde du endda røbe alt og følge mig?
HJØRDIS *(studsende).*
Hvi spørger du så?
SIGURD.
Svar mig først; hvad vilde du gøre, ifald jeg blev din husbonds banemand?
HJØRDIS *(ser stivt på ham).*
Da måtte jeg tie og aldrig hvile før jeg havde fået dig fældet.

SIGURD *(med et smil).*
Godt, Hjørdis; — det vidste jeg vel.
HJØRDIS *(hastigt).*
Men så kan ej ske!
SIGURD.
Det m å ske; selv har du nu kastet tærning om Gunnars liv og mit!
(GUNNAR med nogle h u s k a r l e fra baggrunden).
GUNNAR *(mørkt til Hjørdis).*
Se så; nu spirer den sæd du har sået!
SIGURD *(nærmer sig).*
Hvad går dig imod?
GUNNAR.
Sigurd, er det dig! Hvad der går mig imod? Ikke andet, end jeg vel måtte vente. Såsnart Dagny, din hustru, havde båret bud om Kåre bonde, så tog jeg min hest og red til mine grander for at søge hjælp mod ham.
HJØRDIS *(spændt).*
Nu?
GUNNAR.
Tvær lød talen hvorhelst jeg kom; min færd mod Kåre var lidet hæderlig, blev der sagt; — hm, der blev sagt andre ting med, som jeg ikke kan nævne; — jeg er jo en forhånet mand; det er mig påsagt at jeg har øvet nidingsværk; det holdes nu for skændsel at dele sag med mig.
SIGURD.
Længe skal det ikke holdes for skændsel; før kvælden kommer, skal du være mandstærk nok mod Kåre.
GUNNAR.
Sigurd!
HJØRDIS *(sagte, triumferende).*
Ha, det vidste jeg nok!
SIGURD *(med tvungen styrke).*
Men så er også freden ude mellem os; thi hør nu mit ord, Gunnar herse, — du har fældet Thorolf, min hustrus frænde, og derfor stævner jeg dig til holmgang imorgen såsnart solen rinder!
HJØRDIS *(gør i hæftig indre bevægelse et skridt hen imod Sigurd, men fatter sig og bliver ubevægelig stående under det følgende).*

GUNNAR *(i højeste overraskelse).*
Til holmgang —! Mig! — Du skemter, Sigurd!
SIGURD.
Til holmgang er du lovligt stævnet; det blir et brikkespil på liv og død; en af os må falde!
GUNNAR *(bittert).*
Ha, jeg skønner det vel. Du var til enetale med Hjørdis da jeg kom; hun har ægget dig påny!
SIGURD.
Kan hænde! *(halvt til Hjørdis).* Højsindet kvinde må jo værge om sin husbonds hæder. *(til mændene i baggrunden.)* Og I, karle, gå nu til Gunnars grander og sig dem, at imorgen skifter han sværdhugg med mig; ræd vil ingen nævne den mand, som bærer våben på Sigurd viking!
(Karlene går ud i baggrunden.)
GUNNAR *(går raskt hen til Sigurd og trykker hans hænder i stærk bevægelse).*
Sigurd, min bolde broder, nu først forstår jeg dig! Du vover livet for min hæder, som du fordum voved det for min lykke!
SIGURD.
Tak din hustru; hun har mest del i min færd. Imorgen når solen rinder —
GUNNAR.
Jeg møder dig. *(blød.)* Fosterbroder, vil du have et godt sværd af mig; det er en kostelig gave.
SIGURD.
Tak; men lad det hænge; — ingen ved, om jeg næste kveld har brug for det.
GUNNAR *(ryster hans hånd).*
Farvel, Sigurd!
SIGURD.
Farvel igen og lykke til værket!
(De skilles, Gunnar går ud til venstre, Sigurd kaster et blik på Hjørdis og går ud i baggrunden.)
HJØRDIS *(efter en pause, sagte og tankefuld).*
Til holmgang imorgen? Hvem vil falde? *(tier lidt og udbryder derpå, som greben af en stærk beslutning.)* Lad falde hvem der vil, — Sigurd og jeg skal endda blive sammen!

FJERDE HANDLING.

(Ved strandbredden. Det er aften; månen ses fra og til mellem mørke, sønderrevne uvejrsskyer. I baggrunden en sort, nylig opkastet gravhaug.)

(Ø r n u l f sidder på en sten til højre i forgrunden med blottet hoved, albuerne hvilende på knæerne og med ansigtet skjult i sine hænder. Hans m æ n d graver ved haugen, nogle lyser med tyrifakler. Efter et kort ophold kommer S i g u r d og D a g n y ud fra bådhuset, hvor en stokild brænder.)

DAGNY *(dæmpet).*
Der sidder han endnu. *(holder Sigurd tilbage.)* Nej, tal ikke til ham!
SIGURD.
Du har ret; det er for tidligt; lad ham heller sidde med sig selv.
DAGNY *(går over mod højre og betragter faderen med stille sorg).*
Så stærk var han igår da han tog Thorolfs lig på ryggen; så stærk var han, mens de grov på haugen; men da de alle var lagt derinde, og jord og stene kastet over, — da tog sorgen ham; da var det som han sluknede. *(tørrer tårerne af.)* Sig mig, Sigurd, når tænker du at fare hjem til Island?
SIGURD.
Såsnart uvejret stilner af og jeg får endt min handel med Gunnar herse.
DAGNY.
Og så vil du købe land og bygge dig en gård og aldrig fare i leding mere?
SIGURD.
Ja ja, — det har jeg lovet dig.
DAGNY.
Og jeg tør forvist tro at Hjørdis bedrog mig, da hun sagde at lidet var jeg dig værdig til viv?

65

SIGURD.
Ja ja, Dagny, lid på mit ord.
DAGNY.
Så er jeg glad igen og vil prøve at glemme alt det onde værk, som her er øvet. I de lange vinterkvælde vil vi tale sammen om Gunnar og Hjørdis, og —
SIGURD.
Nej, Dagny, vil du vel mod os begge, så nævn aldrig Hjørdis, når vi sidder hjemme på Island!
DAGNY *(mildt bebrejdende).*
Ubilligt er dit had til hende. Sigurd, Sigurd, det ligner dig lidet!
EN AF MÆNDENE *(nærmer sig).*
Se så, nu er haugen istand.
ØRNULF *(ligesom opvågnende).*
Haugen? Er den — nå ja —
SIGURD.
Tal nu, til ham, Dagny!
DAGNY *(nærmer sig).*
Fader, det er koldt herude; det trækker op til uvejr inat.
ØRNULF.
Hm; bryd dig ikke om det; haugen er bygget tæt og godt; de ligger lunt derinde.
DAGNY.
Ja, men du —
ØRNULF.
Jeg? Jeg fryser ikke.
DAGNY.
Du har intet spist idag; vil du ikke gå ind? Natverdsbordet står rede.
ØRNULF.
Lad natverdsbordet stå; jeg er ikke sulten.
DAGNY.
Men at sidde her så stille; tro mig, det bader dig ikke; du er lidet vant til det.
ØRNULF.
Vel sandt; der er noget, som klemmer mig for bringen; jeg kan ikke trække vejret.
(han skjuler igen ansigtet med sine hænder. Ophold. Dagny sætter sig hos ham.)

DAGNY.
Imorgen ruster du vel dit skib og farer med til Island?
ØRNULF *(uden at se op).*
Hvad skal jeg der? Nej, jeg vil til mine sønner.
DAGNY *(smerteligt).*
Fader!
ØRNULF *(løfter hovedet).*
Gå ind, og lad mig sidde; har uvejret legt om mig en nat eller to, så er det gjort, tænker jeg.
SIGURD.
Sligt kan du ikke tænke på!
ØRNULF.
Undres dig at jeg vil hvile! Mit dagværk er jo endt; jeg har højlagt mine sønner. *(hæftigt.)* Gå fra mig! — Gå, gå!
(han skjuler igen sit ansigt.)
SIGURD *(sagte til Dagny, som rejser sig.)*
Lad ham sidde lidt endnu.
DAGNY.
Nej, jeg får friste et råd til; — jeg kender ham. *(til Ørnulf.)* Dit dagværk er endt siger du; det er det dog ikke. Højlagt har du dine sønner; — men du er jo skald; det sømmer sig at kvæde til deres minde.
ØRNULF *(hovedrystende).*
Kvæde? Nej, nej; igår kunde jeg det; idag er jeg for gammel.
DAGNY.
Det må du dog; hæderlige mænd var dine sønner alle; et kvæde må siges om dem, og det kan ingen i ætten uden du.
ØRNULF *(ser spørgende på Sigurd).*
Kvæde? Hvad tykkes d i g , Sigurd?
SIGURD.
Mig tykkes at så er billigt; du får gøre som hun siger.
DAGNY.
Ilde vil det tykkes dine grander på Island, når arveøllet skal drikkes over Ørnulfs ætlinge, og intet kvad er digtet. Til at følge dine sønner har du tid nok.
ØRNULF.
Nu ja, jeg vil prøve det; og du, Dagny, lyt til, at du siden kan riste kvadet på kævle!
(Mændene nærmer sig med faklerne, så at der dannes en gruppe

omkring ham; han tier lidt og tænker sig om, derpå siger han:)
Sind, som svær-mod stinger,
savner Brages glæde;
sorgfuld skald så såre
kvides ved at kvæde.
Skaldeguden skænked
evne mig at sjunge; —
klinge lad min klage
for mit tab, det tunge! *(rejser sig.)*
Harmfuld norne hærged
hårdt mig verdens veje,
listed lykken fra mig,
ødte Ørnulfs eje.
Sønner syv til Ørnulf
blev af guder givet; —
nu går gubben ensom,
sønneløs i livet.
Sønner syv, så fagre,
fostred mellem sværde,
værned vikings hvide
hår, som gævest gærde.
Nu er gærdet jævnet,
mine sønner døde;
glædeløs står gubben,
og hans hus står øde.
Thorolf, — du, min yngste!
Boldest blandt de bolde!
Lidet gad jeg klage,
fik jeg d i g beholde!
Vén du var, som våren,
mod din fader kærlig,
arted dig at ældes
til en helt så herlig.
Ulivs-sår, usaligt,
værste ve mon volde,
har min gamle bringe
klemt, som mellem skjolde.
Nidsyg norne nødig
nægted mig sit eje, —

dryssed smertens rigdom
over Ørnulfs veje.
Vegt er visst mit værge.
Fik jeg guders evne,
e n da blev min idræt;
nornens færd at hævne.
E n da blev min gerning:
nornens fald at friste, —
hun, som har mig røvet
alt — og nu det sidste!
Har hun a l t mig røvet?
Nej, det har hun ikke;
tidligt fik jo Ørnulf
Suttungs mjød at drikke, *(med stigende begejstring.)*
Mine sønner tog hun;
men hun gav min tunge
evnen til i kvæder
ud min sorg at sjunge.
På min mund hun lagde
sangens fagre gave; —
lydt da lad den klinge,
selv ved sønners grave!
Hil jer, sønner gæve!
Hil jer, der I rider!
Gudegaven læger
verdens ve og kvider!
(han trækker et dybt åndedrag, stryger håret fra panden og siger roligt:)
Se så, nu er Ørnulf stærk og sund igen. *(til mændene.)* Kom med til natverdsbordet, drenge; vi har havt et tungt dagværk!
(går med karlene ind i bådhuset.)
DAGNY.
Priset være de høje i himlen, som skænkte mig så godt et råd! *(til Sigurd.)* Vil du ikke gå ind?
SIGURD.
Nej, jeg har liden lyst. Sig mig, er alle ting rede til imorgen?
DAGNY.
Det er de; et silkesømmet lin ligger inde på bænken; men jeg ved forvist at du vil stå dig mod Gunnar, så jeg har ej grædt

69

derved.
SIGURD.
Det give alle gode magter, at du aldrig må græde for min skyld, *(han standser og ser ud.)*
DAGNY.
Hvad lytter du på?
SIGURD.
Hører du ikke — d e r ! *(peger til venstre.)*
DAGNY.
Jo, der går som et sælsomt uvejr over havet!
SIGURD *(idet han går lidt op mod baggrunden).*
Hm, der vil nok regne hårde hagl i det uvejr. *(råber.)* Hvem kommer?
KÅRE BONDE *(udenfor til venstre).*
Kendte folk, Sigurd viking!
(Kåre bonde med en flok bevæbnede mænd fra venstre.)
SIGURD.
Hvor agter I jer hen?
KÅRE.
Til Gunnar Herses gård?
SIGURD.
Med ufred?
KÅRE.
Ja, det kan du lide på! Du hindred mig før; men nu tænker jeg det er dig kært nok!
SIGURD.
Kan vel være.
KÅRE.
Jeg har hørt om din handel med Gunnar; men går det som jeg vil, så kommer han med vege våben til mødet.
SIGURD.
Det er vovsomt værk du pønser på; agt dig, bonde!
KÅRE *(med trodsig latter).*
Lad mig om det; vil du takle dit skib inat, så skal vi lyse op for dig! — Kom, alle mand, se, her går vejen!
(de går alle ud til højre i baggrunden).
DAGNY.
Sigurd, Sigurd, den ufærd må du hindre!

SIGURD *(går rask hen til døren og råber ind):*
Op fra bordet, Ørnulf; tag hævn over Kåre bonde!
ØRNULF *(kommer ud med de øvrige).*
Kåre bonde, — hvor er han?
SIGURD.
Han stævner mod Gunnars gård for at brænde folkene inde!
ØRNULF.
Ha, ha, — lad ham det, så får jeg hævn over Gunnar og Hjørdis med det samme; siden vil jeg søge Kåre.
SIGURD.
Nej, det er gavnløst råd; Kåre må du søge inat, hvis du vil ramme ham; thi er udåden øvet, så stævner han tilfjelds. Gunnar har jeg æsket til holmgang; han er dig viss nok, ifald ikke jeg selv — nå ja, ligegodt, — inat må han skærmes mod sine uvenner; ilde var det om slig ugerningsmand, som Kåre, tog hævnen fra mig!
ØRNULF.
Sandt siger du der. Inat vil jeg skærme Thorolfs bane; men i morgen må han fældes!
SIGURD.
H a n eller j e g , — det kan du lide på!
ØRNULF.
Så kom da til hævn for Ørnulfs æt! *(han går med mændene til højre i baggrunden.)*
SIGURD.
Dagny, følg med; — j e g må blive; thi rygtet om tvekampen er alt på vandring mellem folk, og jeg kan ikke møde Gunnar før tiden kommer; men du, — styr og råd din fader; hæderligt må han fare frem; i Gunnars gård er mange kvinder; ingen mén må voldes Hjørdis eller de andre.
DAGNY.
Ja, ja, jeg vil med. På Hjørdis tænker du dog; tak for det hjertelag!
SIGURD.
Gå, gå, Dagny!
DAGNY.
Jeg går; men for Hjørdis kan vi være trygge: hun har gyldne hærklæder i buret, og værger sig nok selv.

71

SIGURD.
Det tænker jeg med; men gå du endda; styr din faders færd; våg over alle og — over Gunnars hustru!
DAGNY.
Lid på mig. Vel mødt igen! *(hun går efter de forrige).*
SIGURD.
Det er første gang, fosterbroder, at jeg står våbenløs mens du er stedt i fare. *(lytter).* Jeg hører skrig og sværdhug; — de er alt ved gården, *(vil over til højre, men standser og viger forbauset tilbage.)* Hjørdis! Hun kommer hid!
(H j ø r d i s klædt i kort rød skarlagenskjortel, med gyldne våbenstykker; hjelm, pandser, arm- og benskinner. Hendes hår er udslået; på ryggen bærer hun et kogger, og ved beltet et lidet skjold; i hånden har hun buen med hårsnoren.)
HJØRDIS *(ilsomt og seende sig tilbage som om hun ængstedes af noget, der forfulgte hende, går tæt hen til Sigurd, tager ham ved armen og siger dæmpet):*
Sigurd, Sigurd, kan du se den?
SIGURD.
Hvem? Hvor?
HJØRDIS.
Ulven d e r — lige ved; den rører sig ikke; den ser på mig med to røde øjne! — Det er min fylgje, Sigurd! Tre gange har den vist sig for mig; det betyder at jeg visselig skal dø inat!
SIGURD.
Hjørdis, Hjørdis!
HJØRDIS.
Der sank den i jorden! Ja, ja, nu har den varslet mig.
SIGURD.
Du er syg; kom og gå ind!
HJØRDIS.
Nej, her vil jeg vente; jeg har ikke lang tid igen!
SIGURD.
Hvad er der hændt med dig?
HJØRDIS.
Hvad der er hændt? Det ved jeg ikke; men sandt var det, du sagde idag, at Gunnar og Dagny stod mellem os; bort fra dem og fra livet må vi; da kan vi blive sammen!

SIGURD.
Vi? Ha, du mener —!
HJØRDIS (med højhed).
Jeg blev hjemløs i verden fra den dag du tog en anden til viv. Ilde handled du dengang! Alle gode gaver kan manden give til sin fuldtro ven, — alt, kun ikke den kvinde han har kær; thi gør han det, da bryder han nornens lønlige spind og to liv forspildes. Der er en usvigelig røst i mig, som siger at jeg blev til, for at mit stærke sind skulde løfte og bære dig i de tunge tider, og at du fødtes, for at jeg i e n mand kunde finde alt det, der tyktes mig stort og ypperligt; thi det ved jeg, Sigurd, — havde vi to holdt sammen, da var du blev en navnkundigere og jeg lykkeligere end alle andre!
SIGURD.
Unyttig er den klage nu. Mener du det er lysteligt, det liv jeg har ivente? Hver dag at være Dagny nær og gøgle en elskov, som hjertet klemmes ved. Og dog, det må så være; ændres kan det ikke.
HJØRDIS (under stigende vildhed).
Det s k a l det dog! Ud af livet vil vi begge gå! Ser du denne buesnor? Med den rammer jeg sikkert; thi jeg har galet fagre galdrekvad over den! *(lægger en pil i buen, der er spændt.)* Hør! Hør! hvor det suser højt oppe! Det er de dødes hjemfærd; jeg har hekset dem hid; — i lag med dem skal vi følges!
SIGURD (viger tilbage).
Hjørdis, Hjørdis, — jeg ræddes for dig!
HJØRDIS (uden at agte på ham).
Ingen magt kan ændre vor skjæbne nu! O, ja — det er også bedre så, end om du havde fæstet mig hernede i livet; end om jeg havde siddet på din gård for at væve lin og uld og føde dig afkom, — fy, fy!
SIGURD.
Hold op! Din trolddomskunst har været dig overmægtig; den har kastet en sjælesot på dig! *(forfærdet.)* Ha, se — se! Gunnars gård, — den brænder!
HJØRDIS.
Lad brænde, lad brænde! Skysalen deroppe er bedre end Gunnars bjælkestue!

SIGURD.
Men Egil, din søn — de fælder ham!
HJØRDIS.
Lad fældes, — så fældes min skændsel med det samme!
SIGURD.
Og Gunnar, — de tager din husbonds liv!
HJØRDIS.
Det agter jeg ikke! Bedre husbond skal jeg følge hjem inat! Ja, Sigurd, så må det være; her i landet gror ikke lykken for mig; — den hvide gud kommer nordover; ham vil jeg ikke stedes til møde med; de gamle er ikke stærke, som før; — de sover, de sidder halvt som skygger; — med dem vil vi strides! Ud af livet, Sigurd; jeg vil sætte dig på himlens kongestol, og selv vil jeg sidde dig næst! *(Uvejret bryder løs.)* Hør, hør, der kommer vort følge! Kan du se de sorte jagende heste; en for mig og en for dig; *(kaster buen til kinden og skyder.)* Så far da den sidste færd!
SIGURD.
Vel truffet, Hjørdis! *(han falder.)*
HJØRDIS *(jublende, idet hun iler til ham.)* Sigurd, min broder, — nu hører vi hinanden til!
SIGURD.
Nu mindre end før. Her skilles vore veje; thi jeg er en kristnet mand.
HJØRDIS *(forfærdet).*
Du — ! Ha, nej, nej!
SIGURD.
Den hvide gud er min; kong Ædhelstan har lært mig ham at kende; — det er op til h a m jeg nu går.
HJØRDIS *(i fortvivlelse).*
Og jeg — ! *(slipper buen.)* Ve, ve!
SIGURD.
Tungt var mit liv fra den stund jeg tog dig ud af mit hjerte og gav dig til Gunnar. Tak, Hjørdis; — nu er jeg så let og fri. *(dør.)*
HJØRDIS *(stille).*
Død! Så har jeg visselig forspildt min sjæl! *(Uvejret vokser, hun udbryder vildt.)* De kommer! Jeg har galdret dem hid! Men nej, nej; — jeg følger jer ikke; jeg vil ikke ride uden Sigurd! Det hjælper ej, — de ser mig; de ler og vinker, de sporer sine heste! *(iler ud på fjeldkanten i baggrunden.)* Der er de over mig;

— og intet ly, intet skjul! Jo, på havets bund kan hænde! *(hun styrter sig ud.)*
(Ørnulf, Dagny, Gunnar med Egil, samt Sigurds og Ørnulfs mænd kommer etterhånden ind fra højre.)
ØRNULF *(vendt mod gravhaugen).*
Nu kan I sove roligt; thi uhævnet ligger I ikke!
DAGNY *(kommer).*
Fader, fader, — skrækken dræber mig; — al den blodige færd — og uvejret; — hør, hør!
GUNNAR *(med Egil på armen).*
Giv fred og ly for mit barn!
ØRNULF.
Gunnar herse!
GUNNAR.
Ja Ørnulf, min gård er jo brændt og mine svende faldne; jeg er i din vold; gør som dig tykkes!
ØRNULF.
Det står til Sigurd. Men ind under tag; det er utrygt herude!
DAGNY.
Ja, ind, ind! *(går henimod bådhuset, får øje på liget og udstøder et skrig:)* Sigurd, min husbond; — de har dræbt ham. *(kaster sig ned ved ham.)*
ØRNULF *(iler til).*
Sigurd!
GUNNAR *(sætter Egil ned).*
Sigurd dræbt!
DAGNY *(ser fortvivlet på mændene, der står om den døde).*
Nej, nej, det er ikke så; — han må være ilive endnu! *(bemærker buen.)* Ha, hvad er det! *(rejser sig.)*
ØRNULF.
Datter, det er nok, som du først sagde, — Sigurd er fældet.
GUNNAR *(som greben af en pludselig tanke).*
Og Hjørdis! — Har Hjørdis været her?
DAGNY *(sagte og med fatning).*
Jeg ved ikke; men det ved jeg, at hendes bue har været her.
GUNNAR.
Ja, jeg tænkte det nok!

DAGNY.
Ti, ti! *(for sig selv.)* Så bittert har hun da hadet ham!
GUNNAR *(sagte).*
Fældet ham — natten før holmgangen, så har hun endda elsket mig.
(Alle farer forfærdede sammen; Åsgårdsrejden suser gennem luften.)
EGIL *(med skræk).*
Fader! Se, se!
GUNNAR.
Hvad er det?
EGIL.
Deroppe — alle de sorte heste — !
GUNNAR.
Det er skyerne, som —
ØRNULF.
Nej, det er de dødes hjemfærd.
EGIL *(med et skrig).*
Moder er med dem!
DAGNY.
Alle gode magter!
GUNNAR.
Barn, hvad siger du!
EGIL.
Der — foran — på den sorte hest! Fader, fader!
(Egil klynger sig forfærdet op til faderen; kort pause; uvejret drager forbi, skyerne skilles, månen skinner fredeligt ud over landskabet.)
GUNNAR *(stille og smerteligt).*
Nu er Hjørdis visselig død!
ØRNULF.
Det er vel så, Gunnar; — og på hende havde jeg mere at hævne end på dig. Dyrt blev mødet for os begge; — d e r er min hånd; fred og forsoning!
GUNNAR.
Tak, Ørnulf! Og nu tilskibs; jeg farer med til Island!
ØRNULF.
Ja, til Island, og sent vil vor hærfærd glemmes:
Højt om heltefærd og stærke

kæmpers leg på norske strande
skal til sildigst æt fra Island
sjunges over nordens lande.

Also available from JiaHu Books:

Det går an by Carl Jonas Love Almqvist
Drottningens Juvelsmycke by Carl Jonas Love Almqvist
Röda rummet – August Strindberg
Fröken Julie/Fadren/Ett dromspel by August Strindberg
Brand -Henrik Ibsen
Et Dukkhjem – Henrik Ibsen
(Norwegian/English Bilingual text also available)
Peer Gynt – Henrik Ibsen
Synnøve Solbakken - Bjørnstjerne Bjørnson
The Little Mermaid and Other Stories (Danish/English Texts) -
Hans-Christian Andersen
Egils Saga (Old Norse and Icelandic)
Brennu-Njáls saga (Icelandic)
Laxdæla Saga (Icelandic)
Die vlakte en andere gedigte (Afrikaans) - Jan F.E. Celliers

www.ingramcontent.com/pod-product-compliance
Lightning Source LLC
Chambersburg PA
CBHW031418040426
42444CB00005B/620